· 이 책에서 다루는 직업 ·

경찰
- 프로파일러
- 검시 조사관
- 국립과학수사연구원 직원

소방관
- 구급대원
- 구조대원

생명과 안전을 지키는 직업 2

경찰 · 소방관

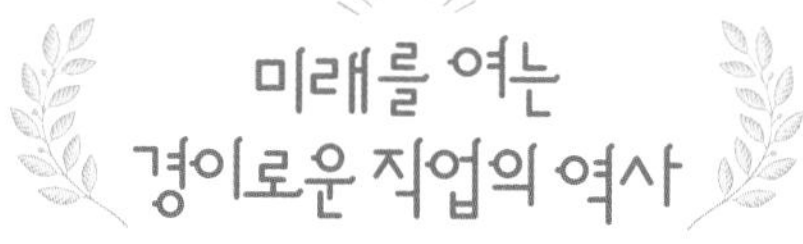

생명과 안전을 지키는 직업 II

박민규 지음

내가 정말로 원하는 직업은 무엇일까?

'선생님'이 되어 아이들을 가르치고 싶은 사람도 있고, '의사'가 되어 아픈 사람을 치료해 주고 싶은 사람도 있고, '경찰관'이 되어 범죄를 저지른 사람을 잡고 사람들을 돕고 싶은 사람도 있을 것입니다. 선생님, 의사, 경찰관이 '된다'는 것은 바로 선생님, 의사, 경찰관이라는 '직업을 가진다'는 의미입니다.

우리는 저마다 자신의 희망, 적성, 능력에 따라 직업을 가집니다. 직업이란 사람이 경제적 보상을 받으면서 자발적으로 하는 지속적인 활동입니다. 직업을 가지게 되면 기본적인 경제생활을 할 수 있는 소득을 얻고, 사회 발전에 이바지할 수도 있고, 무엇보다도 자기가 가지고 있는 꿈을 실현할 수 있습니다. 그래서 한 사람이 살아가기 위해서는 '직업'을 가지는 것이 매우 중요합니다.

직업을 가지려면 먼저 그 직업이 하는 일은 무엇이며, 그 일을 잘하기 위해서는 어떤 능력이 필요하고, 사회에서 하는 역할이 무엇인지

아는 것이 중요합니다. 그래야 자신의 꿈을 이룰 수 있는 직업을 선택하고, 그 직업에 필요한 능력을 미리 갖출 수 있기 때문입니다.

2021년 기준 한국에는 약 1만 7천여 개의 직업이 있고, 해마다 새로운 직업이 생겨나고 있습니다. 수많은 직업 중에서도 특히 많은 사람이 관심을 갖는 직업들이 있습니다. 우리는 이 직업들이 처음에 어떻게 생겨났고, 시대의 변화에 따라 바뀐 점과 바뀌지 않은 점이 무엇인지 살펴볼 것입니다. 달라진 점을 살펴보면 그 직업이 앞으로 어떻게 변해 갈지를 예측해 볼 수 있습니다. 또한, 달라지지 않은 점을 바탕으로 그 직업의 진정한 의미와 가치를 찾아낼 수 있을 것입니다.

이 책이 여러분에게 '내가 정말로 원하는 직업이 무엇인지' 생각해 보고, 미래를 준비하는 데 도움이 되기를 바랍니다.

위험으로부터 생명과 안전을 지키는 직업

인류는 아주 오랜 옛날부터 서로의 갈등을 해결하기 위해 노력했습니다. 처음에는 군인이 타인의 재산이나 생명의 위협을 막는 일을 담당했지만 사회의 질서를 유지하고 범죄를 단속하는 일을 전문적으로 하는 '경찰'과 범죄를 수사하는 민간인인 '탐정'이 등장했습니다. 또한 화재를 단속하고 불이 나면 진화하는 '소방관'도 비슷한 시기에 생겨났습니다.

이 책은 사회의 질서를 유지하고 국민의 생명과 재산을 범죄로부터 보호하는 '경찰', 민간인 자격으로 정보를 조사하고 범죄 증거를 찾는 '탐정', 화재를 진압하고 재해에서 인명을 구하는 '소방관'을 다룹니다. 각 직업이 하는 일은 무엇인지, 역사적으로 언제, 어떻게 탄생해서 오늘에 이르렀는지 직업의 역사를 알아보고 미래에는 어떻게 달라질지를 살펴봅니다.

이를 통해 각각의 직업이 하는 일의 본질은 무엇이고 시대에 따라

겉으로 드러나는 모습은 무엇인지, 변한 것은 무엇이고 변하지 않는 것은 무엇인지, 인류 발전에 어떻게 이바지했는지를 이해한다면 '생명과 안전을 지키는 일'과 관련한 직업을 지금까지와는 다른 시각에서 볼 수 있을 것입니다. 또한 현재와 미래를 살펴 그 직업에 필요한 자질이 무엇이고 어떤 준비를 해야 하는지, 앞으로 어떤 발전 가능성이 있는지도 알 수 있을 것입니다.

무엇보다도 책을 읽는 청소년들이 직업의 본래 의미를 이해해서 앞으로 어떤 직업을 선택하든지 자기가 하는 일에 보람을 느끼고 즐겁게 살아가기를 기대합니다.

· 차례 ·

2부 화재를 진압하고 사람을 구조하는 사람, 소방관

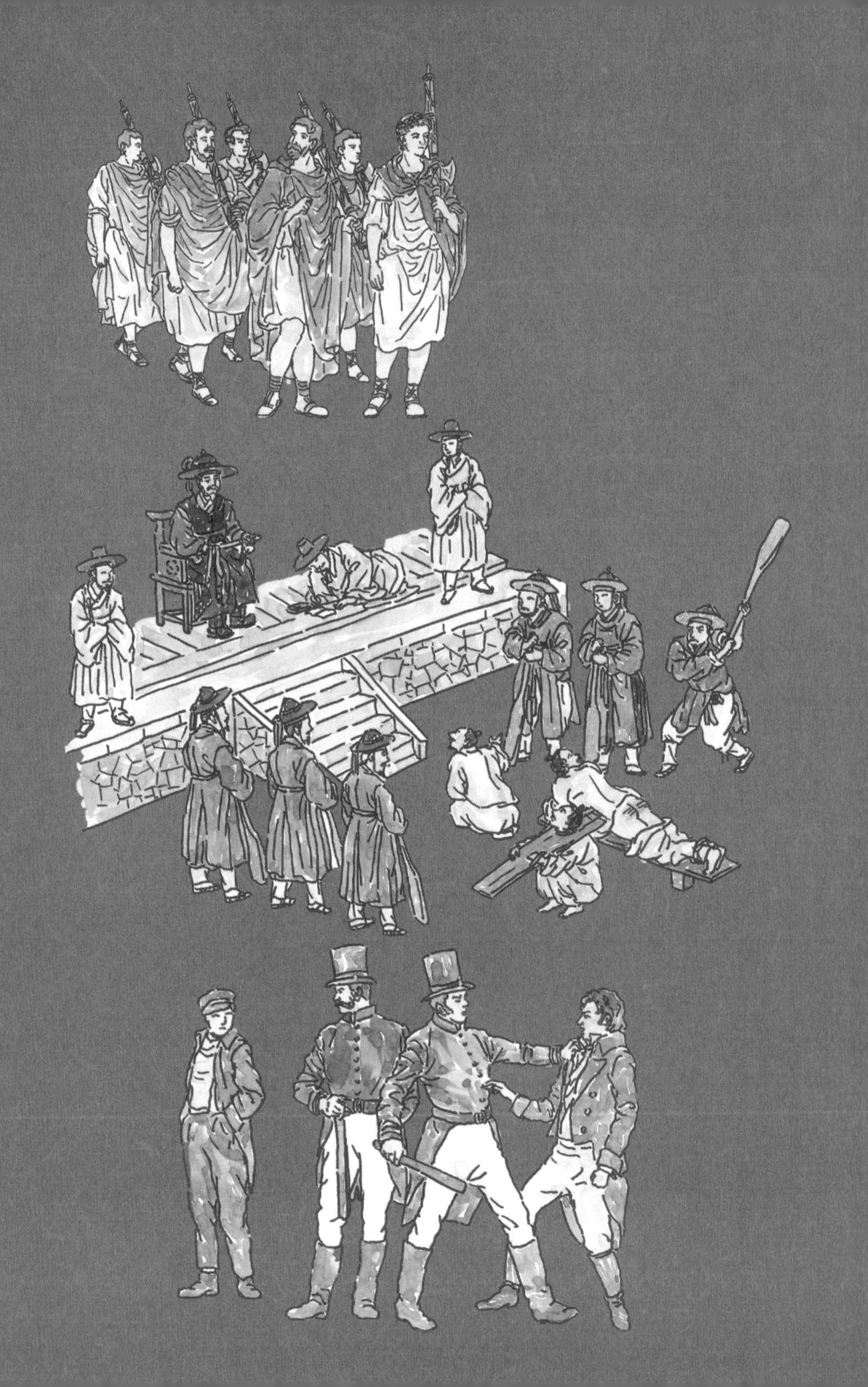

사회의 질서를 유지하고 범죄를 막는 사람, 경찰

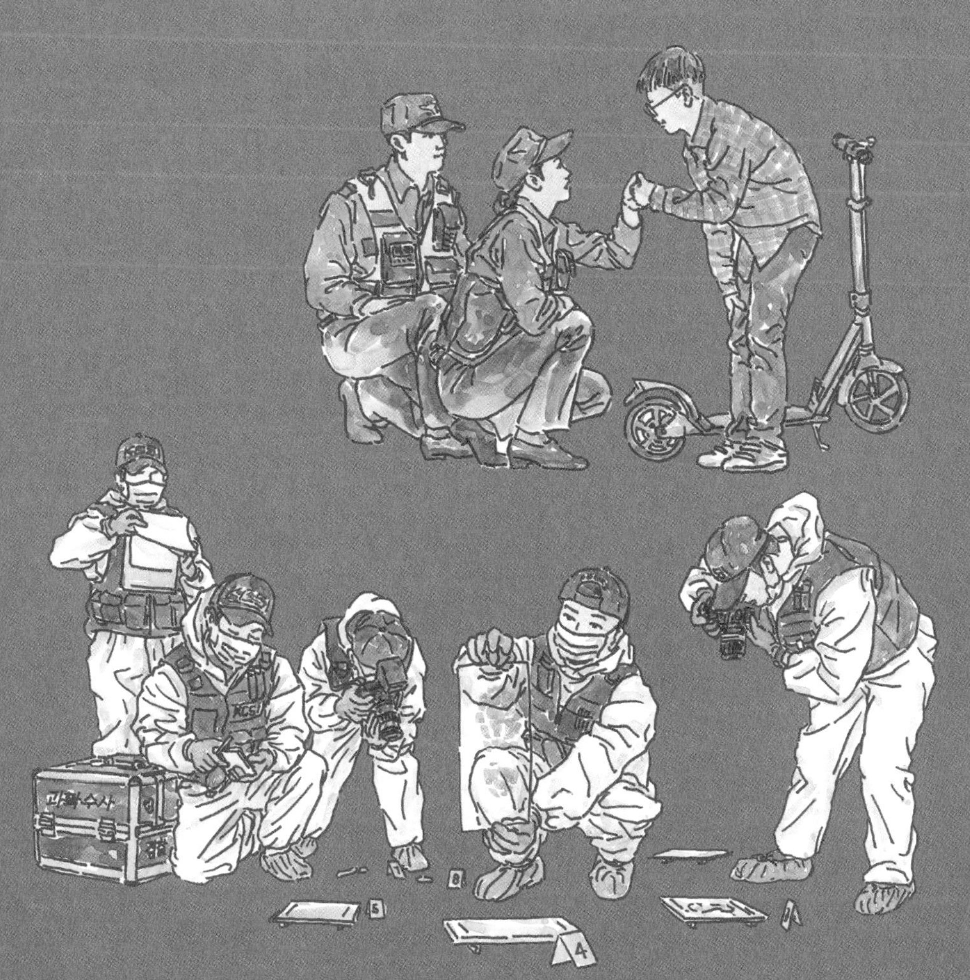

경찰의 탄생

●

농사 지으며 살기 좋은 땅에 사람들이 모여 살기 시작하면서 갈등과 싸움이 일어나기 시작했다. 다른 사람의 물건을 빼앗고 생명을 해치는 일까지 벌어지자 이를 해결하기 위해 갈등을 중재하는 사람이 등장했다. 초기에는 마을에서 가장 나이가 많은 어른이 사람들의 갈등을 푸는 데 앞장섰다. 그리고 점차 도시와 나라가 커지면서 군인이나 관리가 갈등 중재 역할을 맡았다.

중세에 이르러 경찰이라는 명칭이 널리 쓰이고 경찰과 관련된 제도도 만들어졌다. 하지만 이는 도시나 마을 단위의 치안과 질서 유지를 위한 것이었고, 여전히 개인의 안전은 스스로 지켜야 했다.

고대의 경찰

경찰이라는 직업

경찰은 친숙한 직업이다. 우리는 동네와 거리 곳곳에서 경찰관*을 만날 수 있다. 게다가 경찰을 주인공으로 하는 TV 드라마나 영화, 만화, 소설도 많다. '경찰'은 경계하고 대비한다는 의미의 '경警'과 조사하고 살핀다는 의미의 '찰察'이 합쳐진 것이다. 경찰은 공공의 안녕과 질서를 유지하고 국민의 생명과 신체, 재산을 보호하기 위해 범죄 위험을 미리 막고, 범죄를 수사하고, 국민에게 필요한 여러 서비스를 제공한다.

과거 경찰은 공공질서를 유지한다는 이유로 국민을 강제로 통제하

* '경찰'은 조직, 집단의 이름이며 '경찰관'은 그 조직에 속한 구성원을 칭하는 이름이다. 하지만 '경찰관' 대신 '경찰'이라고 쓸 수도 있기에 이 책에서도 특별히 구분하지 않는다.

는 권력 기관이라는 인상이 강했다. 하지만 점차 갈등을 해결하는 전문가, 위험을 예방하고 질서를 유지하는 사람, 명령이 아니라 지도하는 사람으로 인식이 바뀌었다.

갈등 해소의 시작

약 1만여 년 전 인류는 곡식을 재배하고 가축을 키우며 모여 살기 시작했다. 여러 사람이 모여 살게 되자 자연스럽게 다툼과 갈등이 생겨났다. 가벼운 말다툼과 몸싸움부터 다른 사람의 재산을 훔치거나 생명을 해치는 일도 벌어졌다. 다치거나 죽은 사람의 가족이나 친구가 훗날 복수하는 일도 있었다. 갈등이 깊어지면 사회 전체에 피해가 돌아가기에 다툼이 커지기 전에 미리 조정하고 해를 끼친 사람을 처벌할 필요가 생겨났다. 이 일은 보통 그 집단의 나이 든 어른이 주도하고 마을 사람들 모두가 참여했다. 그러다가 점차 도시와 국가가 성장하면서 이를 다스리는 지도자나 왕이 모두가 따라야 하는 규칙인 '법률'을 만들었다. 자연스럽게 사람들이 법률을 잘 지키는지 감시하고 이를 어기는 사람을 처벌하는 조직도 탄생했다.

함무라비 법전

메소포타미아 지역의 바빌론을 다스린 함무라비 왕(기원전 1810~기원전 1750)은 나라를 다스리는 기본법인 함무라비 법전*을 만들었다. 함무라비 법전의 목적은 “이 땅에 정의를 세워 악한 자들과 사악한 자들을 없애고 약자들이 강자에게 상해를 입지 않도록” 하는 것이다. 또한 이 법전은 “백성을 올바로 이끌고 백성에게 정의를 펼칠 것이며, 그 땅에 있는 악인들을 따로 떼어내 백성이 편안히 살도록 할 것”이라 밝히고 있다. 법전에는 어떤 범죄를 저지르면 어떤 처벌을 받는지를 자세히 기록해 두었다. 예를 들어 평민이 귀족의 눈을 멀게 하면 자기 눈도 멀게 하는 벌을 받았고, 물건을 훔친 자는 수십 배의 재물로 보상해야 했으며 만일 보상하지 못하면 목숨을 빼앗았다.

함무라비 법전이 기록된 비석
(루브르 박물관)

구체적으로 누가 어떻게 법을 어긴 사람을 찾아내고 벌을 가했는지에 관한 기록은 전해지지 않지만, 법을 집행하는 기관과 사람이 있었으리라는 짐작을 할 수 있다.

* 국가에서 만든 체계적인 법률이며 문자로 기록되어 있다.

고대 이집트의 용병 경찰

거대한 왕국을 건설한 이집트는 주변 여러 민족을 용병으로 썼다. 지금의 이집트 남부, 수단 북부 지역에 살던 '메드제이Medjay'족도 용병으로서 이집트 군대에서 싸웠다. 기원전 1570년경부터 이들은 전투가 벌어지는 지역을 순찰하고, 대도시의 왕궁이나 신전, 피라미드와 같은 중요한 장소를 경비했다. 메드제이는 곧 뛰어난 전사들이 모인 집단을 일컫는 이름이 되었다. 이들은 지금의 경찰처럼 백성의 생명이나 재산을 보호하는 일은 하지 않았지만, 국가를 대신해서 세금을 거둔다든지, 나라에 중요한 편지를 안전하게 전달하는 일을 맡았다. 고대의 경찰이라고 볼 수 있는 메드제이에 관한 기록은 기원전

게임 〈어쌔신 크리드〉의 주인공으로 등장한 메드제이

1200년경 이후 이어지지 않았지만 오늘날 다양한 영화와 게임에 등장한다.

고대 중국, 주나라의 경찰

기원전 11세기 무렵 중국에 등장한 주나라에는 범죄를 방지하는 일을 담당한 관직인 '사계'가 있었다. 이는 '맡을 사司'에 '살필 계稽'가 합쳐진 것으로, 도둑이 있는지 살피고 순찰하는 일을 맡아서 한다는 뜻이다. 사계는 시장을 순찰하면서 도둑이나 가짜 물건을 파는 사람을 잡아들이고 때로는 직접 벌을 주기도 했다. 그 외에도 백성의 호적*을 관리하는 '사민', 감옥을 관리하고 형벌을 집행하는 '사구'라는 관청도 있었는데 이곳에서 사회의 질서와 치안을 유지하는 일을 담당했다. 하지만 전문적인 경찰은 없었다. 당시에는 행정과 사법이 구분되지 않아서 지방 고을을 다스리는 관리가 경찰 업무와 재판도 겸했다.

고대 우리나라, 고조선의 법률

우리나라 최초의 국가인 고조선에는 범금팔조 또는 팔조법이라고 불리는 법률이 있었다. 그중 '사람을 죽인 자는 사형에 처한다', '남에

* 집안의 가장을 중심으로 그 집에 속하는 사람의 이름, 나이 등 신분에 관한 사항을 기록한 문서

게 상해를 입힌 자는 곡물로써 배상한다', '남의 물선을 훔친 자는 데려다 노비로 삼는데 1인당 50만 전을 내면 노비에서 풀려날 수 있다' 등 세 항목이 중국 역사책『한서』「지리지」에 전해진다. 이런 법이 존재한다는 것은 사회의 안녕과 질서 유지를 위해 각종 범죄를 처벌했고, 범죄자를 잡아 벌을 주는 기관이나 사람이 있었다는 것을 알려준다. 하지만 경찰에 해당하는 구체적인 조직이나 업무에 관한 기록은 찾아볼 수 없다.

고대 그리스와 로마의 경찰

아테네의 용병 스키타이족

지중해를 중심으로 그리스, 로마 문명이 발전했다. 기원전 8세기경 그리스 지역은 '폴리스'라고 불리는 도시 국가를 중심으로 번성하기 시작했다. 폴리스에는 치안을 담당하는 군대가 있었지만 개인을 대상으로 한 범죄를 막는 특별한 조직은 없었다. 강도를 당하면 피해자와 피해자의 일가 인척, 친구들이 범인을 잡아 잃어버린 물건을 되찾고 처벌했다. 길거리에서 범죄가 일어난 경우에는 이를 목격한 주위 시민들이 합세해서 범인을 제압하기도 했다.

그리스의 도시 국가 중 가장 발전했던 곳은 아테네였다. 3~5세기 아테네인들은 스키타이족 용병을 고용했다. 이들은 지금의 러시아 남부, 카자흐스탄 지역에서 살던 유목민족으로 말을 타고 활을 쏘는

토기에 그려져 있는 스키타이족 궁수(왼쪽)와 전쟁에 동원되는 스키타이족 군단을 묘사한 그림(오른쪽)

기술이 뛰어났다. 스키타이 용병은 그리스와 페르시아가 싸울 때 그리스 군인을 도와 활약했는데, 전쟁이 끝난 후에는 도시의 질서를 유지하고 감옥과 죄수들을 관리했다. 시민들이 법률 규범을 잘 지키는지 감독했던 스키타이는 때로는 공포의 대상이 되었지만, 남들이 하지 않으려는 궂은 일을 맡았다는 이유로 때로는 비웃음의 대상이 되

'폴리스'의 어원

경찰은 영어로 '폴리스(Police)'다. 이 단어는 그리스어 '폴리테이아(Politeia)'로부터 왔는데 폴리테이아는 '시민', '시민의 권리', '시민의 생명, 재산, 건강을 지킴'을 뜻하는 'polis'에 뿌리를 둔다. 즉 경찰의 어원은 공공질서와 안전을 지키는 것을 넘어 시민이 건강하고 즐겁게 살 수 있도록 하는 데 있다.

었다. 시민들은 말의 억양이 다른 외부인을 모두 스키타이라고 부르며 멀리했다.

로마의 경찰 업무

로마에서 나랏일을 담당한 관리 중에서 경찰과 가장 관련 있는 사람은 '조영관Aediles'이었다. 선거로 총 4명의 조영관을 뽑았는데 이 중 2명은 귀족 출신, 2명은 평민 출신이었다. 이들은 도로와 수도, 목욕탕 같은 공공 설비를 관리했으며 축제나 검투사 경기와 같은 오락도 주관했다. 조영관의 중요한 업무 중 하나는 로마 시민들에게 식량을 안정적으로 공급하는 것이었다. 그래서 조영관은 시장을 돌며 상인이 저울이나 자의 눈금을 속이지 않는지, 식료품의 품질이 좋은지를 살폈고 전쟁이나 기근 등 위기가 닥쳤을 때는 식량 가격을 터무니없이 올려 받지 못하게 단속했다. 로마의 첫 번째 황제인 아우구스투스 때에는 화재를 진압하고, 밤에 거리를 감시하며 강도나 도망친 노예를 잡는 '비질레스vigiles'를 두었다. 경찰이자 소방관 역할을 한 비질레스는 대부분 노예였다가 풀려난 해방 노예 출신으로, 1천 명으로 이루어진 부대가 총 7개 있었다.

로마의 조영관이었던 율리우스 카이사르

경찰을 대신한 군인

로마에서도 군인이 경찰 역할을 했다. 군인은 혼란에 빠진 도시의 질서를 바로잡았고, 전쟁 상황이 아니라면 도시를 순찰하며 도둑과 강도를 단속했다.

당시 산세가 험한 지역에는 무리를 지어 다니는 여행자를 습격하는 산적이 많았다. 큰 무리의 산적이 나타나면 로마 군단의 군인이 지역 주민들과 힘을 합쳐 산적을 몰아냈다. 하지만 늘 군인을 동원할 수는 없었다. 브리타니아 지역(오늘날 영국)의 총독이 도시의 치안과 질서 유지를 위해 로마 군단을 요청했을 때 로마 황제가 이를 거부했다.

가부장제와 개인적인 범죄 단속

그리스와 로마는 한 집안의 남성 어른이 가장으로서 노예와 하인은 물론 부인과 자녀, 다른 식구 모두를 통제하고 다스렸는데, 이를 가부장제라 한다. 가족 중 누군가 잘못을 저지르는 경우 가장이 마음대로 처벌할 수 있었으며 폭력을 사용하는 것이 법으로 보장되어 있었다.

국가나 황제의 권위에 도전하는 경우가 아니라면 국가는 개인의 범죄를 단속하는 데 관여하지 않았다. 범죄 때문에 피해를 당한 사람은 가족과 친구들의 도움을 받아 범인을 추적하고 자기가 입은 손해를 되찾아야 했다.* 개인 간의 갈등도 마찬가지로 주위 사람들의 도움을 받아 스스로 해결해야만 했다. 하지만 범죄를 목격했을 때 이를 막는 것은 시민으로서 마땅히 해야 하는 의무로 여겨졌다. 밤에 집을 침입한 강도나, 낮이라도 무기를 들고 위협하는 사람은 죽여도 처벌받지 않았다.

지중해 동쪽 소아시아 지역의 경찰

지금의 터키, 이라크 북부, 에게해 연안의 섬들이 있는 소아시아 지역은 이 당시 로마 제국의 영토였다. 이곳에서는 '에리나크Eirenarch'가 질서를 유지하고 범죄를 방지했다. 이들은 장차 관직에 나가려는 지방 유력자의 자제로 자기 돈을 들여 도적이나 현상 수배범을 추적하고 체포했다. 에리나크는 '디오미타이Diogmitai'의 도움을 받았다. 디오미타이는 '추적자'라는 뜻으로 보통 군대를 마친 퇴역 군인 출신이었다. 로마법에 따르면 이들은 살인 면허가 있어서 범인을 쫓다 죽여도 별다른 처벌을 받지 않았다. 그래서인지 디오미타이는 매우 난폭했으며 때로는 추적하는 범죄자보다 그들이 더 위험하기도 했다. 또한 '파라필라케Paraphylakes'라는 하급 장교가 있었는데 이들은 주로 도시 외곽 지역을 순찰했다.

* 범죄를 국가가 아닌 개인이 처벌하는 것을 '사적 제재'라 하고, 자기가 입은 손해를 스스로 되찾는 것을 '자력 구제'라고 한다. 비록 고대에는 당연히 여겨진 것들이지만 현재는 국가가 아닌 개인이 사적 제재를 하거나 자력 구제를 하는 것은 법으로 엄격히 금지되어 있다.

중세 유럽의 경찰

중세의 변화

서로마 제국의 멸망부터 이후 약 1천 년 간의 시기를 서양 역사에서는 중세라고 한다. 중세에도 여전히 범죄 수사와 범인 추적은 피해자의 가족과 피해자가 속한 공동체의 몫이었지만 경찰과 유사한 일을 하는 사람이 등장하기 시작했다.

중세에는 넓은 지역을 다스리는 왕이 여러 영주에게 땅을 나눠주고 다스리게 하는 봉건제를 실시했다. 영주는 왕에게 세금을 내고 필요할 때 군사를 보내는 의무를 다했고 그 대신 나눠받은 자기 땅을 마음대로 다스리며 마을마다 세금을 거두고 치안을 유지하는 사람을 두었다. 또한 상업과 공업의 발전으로 세력이 커진 도시는 스스로 규칙과 법률을 만들었다. 도시는 법을 지키지 않는 가게나 도축장을 단속하고, 화재를 예방하거나 진압하고, 거리의 질서를 유지하며, 비상 시에는 도시를 지키는 사람을 고용했다.

영국의 초기 경찰

오늘날 경찰 제도의 전신이 된 제도는 9세기 무렵 영국에서 등장했다. 영국의 알프레드 대왕(849~899)은 농촌 마을을 10가구끼리 묶어 타이딩tithing이라는 단위를 만들었다. 타이딩에 속한 사람이 범죄를 저지르면 해당 타이딩의 모든 사람이 책임을 졌다. 타이딩마다 대표자가 한 명씩 있었고 10개의 타이딩이 모여 100가구를 대표하는 사람인 '리브reeve'를 뽑았다. 몇 명의 리브가 모여 다시 샤이어shire를 이루었고, 이 샤이어의 대표인 '샤이어 리브'가 자기 지역의 법을 집행해서 치안을 유지하고, 전쟁이 일어나면 군인을 동원하는 역할을 했다. 훗날 샤이어 리브는 '셰리프sheriff'라는 이름으로 바뀌었다. 처음에는 마을 대표 중에서 셰리프를 뽑았지만, 권력이 커지자 점차 왕이 임명하였다. 11세기 노르만이 영국을 정복하고 나자 셰리프는 대대로 물려받는 자리가 되었다.

중세 영국 시인 제프리 초서의 작품에 등장하는 리브

셰리프는 그 지역의 안녕과 질서를 유지하는 책임자인 동시에 군대 지휘관으로서 경비원을 고용하여 치안을 유지하고 도둑을 막았다. 경비원들은 밤 9~10시 무렵부터 다음 날 아침까지 마을을 순찰하면서 수상해 보이는 사람을 체포하거나 화재가 발생하는지를 감시했다. 경비원을 지휘하는 사람을 '컨스터블constable*'이라고 불렀는데, 이들은 셰리프의 조수 역할을 했다.

치안 담당자 셰리프(왼쪽)와 범죄자를 끌고 가는 컨스터블(오른쪽)

* 컨스터블은 현대 미국에서 순경, 혹은 경찰관이라는 뜻으로 쓰인다.

로빈 후드와 셰리프

로빈 후드는 12~13세기경부터 영국에서 전설로 전해 내려오는 의적이며 활을 잘 쏘는 명사수로 유명하다. 그는 셔우드 숲에 자리 잡고 동료들과 함께 포악한 정치를 펼치는 관리나 탐욕스러운 귀족의 재산을 훔쳐 가난한 사람에게 나눠주었다고 한다. 로빈 후드의 이야기는 시나 소설로 후대에 전해졌는데, 소설에서 로빈 후드의 적으로 등장하는 사람이 노팅엄 지역의 셰리프이다. 셰리프는 로빈 후드를 잡으려고 여러 가지 방법을 동원하지만, 항상 실패한다.

로빈 후드와 그를 잡으려는 셰리프(상단 오른쪽)

모두가 범죄를 단속

영국의 왕 에드워드 1세는 1285년 윈체스터 법을 제정하여 지방 도시의 치안 유지에 관한 규정을 정했다. 일몰부터 일출까지 성문을 닫고 통행을 금지시켰으며, 경비원 뿐만 아니라 성안의 주민도 교대로 성문을 경비하고 거리를 순찰했다. 에드워드 1세는 경비원뿐 아니라 일반 주민도 범죄를 목격하면 반드시 주위 사람들에게 큰 소리로 알려야 한다고 정해놓았다. 또한 범죄자를 체포할 때 민간인들도 의무적으로 참여해야 했다.

유럽 대륙의 경찰

11세기 무렵 프랑스 파리에는 '프레보Prévôt'라는 관리가 등장했다. 프레보는 왕이 직접 임명했으며 범죄자를 잡는 경찰의 역할과 벌을 주는 재판관 역할을 모두 했다. 왕은 이들을 지방으로 보내 질서를 다스리게 했는데, 프레보와 각 지역을 다스리던 영주 간에 다툼이 일어나기도 했다.

17세기 루이 14세 때는 프레보로부터 경찰 업무만을 따로 떼어 파리 경찰국을 설립했다. 파리 경찰국은 '파리시의 질서를 바로잡아 시민들을 문명인으로 만드는 조직'이라는 뜻을 가졌는데 이때부터 '경찰'이라는 명칭이 유럽에서 본격적으로 사용되었다.

프레보(왼쪽)와 파리 시의원(오른쪽)의 모습을 그린 초상화(1611)

독일에도 15~16세기에 사회의 질서를 유지하기 위해 국가에서 강제로 권한을 행사하는 경찰이 자리 잡기 시작한다.

개인을 보호하는 방법

중세 유럽에 이르러 처음으로 경찰이라는 명칭이 쓰이기 시작했고, 경찰과 관련된 제도도 많이 생겨났다. 하지만 이는 도시 전체의 치안 유지를 위한 것이었고 개인의 신체와 재산, 권리는 여전히 스스로 보호해야 했다.

민간인이 자신을 보호하기 위해서는 돈을 주고 개인 경호원을 써야 했다. 상인들은 돈을 모아서 '시장 경찰'을 따로 고용했다. 시장 경찰은 상인들의 상품을 지켰고 만일 도난 사건이 발생하면 범인을 추적해서 물건을 다시 찾아왔다.

중세 교회는 신자를 관리하기 위해 지역을 나누었는데, 이를 교구라고 한다. 이러한 교구 안의 치안을 담당하는 '교구 경찰'이 있었다. 교구 경찰은 해당 교구의 신자들이 선출했으며 성직자, 교회 관계자와 그들의 가족과 재산을 지켰다. 이들은 교회의 명령을 따랐는데, 국가는 교구 경찰에 명령할 수 없었다.

중국 왕조 시대의 경찰

진, 한 시대의 정과 정장이었던 한나라 황제 유방

중국은 고대에 여러 왕조가 등장했다가 사라졌지만, 치안 유지를 위한 전문적인 기관이 있었다는 기록은 찾아보기 어렵다. 치안 유지는 군대가 담당했으며, 범죄를 처벌하는 일은 각 지방을 다스리는 관리가 맡았다.

진시황의 진나라가 중국을 통일한 후 처음으로 오늘날의 경찰과 유사하게 치안을 담당하는 '정亭'을 두었다. 진나라는 중국을 '군'과 '현'으로 나누고 황제가 임명한 관리를 보내 다스렸다. 현 아래에 다시 '향'을, 향 아래에 정을 설치했는데 10리마다 1정을 두었고 10개의 정이 1개의 향이 되었다. 정마다 책임자인 '정장'이 있었다. 정장은 정 안의 치안과 소송 등의 직무를 담당하는 지금의 파출소장 같은 관리였다. 진나라를 멸망시키고 한나라를 세워 중국을 통일한 유방(기원전 247~기원전 195)도 정장 출신이었다. 현에는 군인을 지휘해서 도적을 토벌하는 역할을 하는 '위尉'라는 관리도 있었다.

중국을 통일한 한나라의 황제 유방

순검과 포쾌

송나라 때에는 교통에 중요한 길목과 국경 지역에 '순검관'을 두었다. 이들은 19세기까지 가장 낮은 계급의 관직으로 지역을 순찰하면서 주로 지방의 수령을 도와 도적을 체포하고, 반란을 진압했다. 하지만 군대와 따로 활동하지 않았으며 담당한 구역 내에서만 치안 업무를 담당했다.

고을마다 몸이 날래고 눈치가 빠른 사람을 '잡을 포捕'에 '날랠 쾌快' 자를 써서 빠르게 잡는다는 뜻의 '포쾌'로 임명했다. 포쾌는 범죄 증거를 조사하고 범죄자를 체포하고 재판의 피고나 증인을 데려왔다. 하지만 정식 관리가 아니라 임시로 공적인 일을 했기 때문에 따로 급여가 없었고 적은 액수의 돈만 밥값으로 받았다. 포쾌는 신분도 낮아 관청의 정문으로 드나들지 못했고 포쾌의 자손은 과거 시험에 응시할 수 없었다. 포쾌는 관청에서 주는 돈으로는 먹고살기 힘들어 범

청나라의 포쾌

죄 피해자에게 각종 이유를 들어 돈을 받아냈다. 또한 관리에게 뇌물을 줄 때 중간에서 전달하는 일을 하면서 돈을 벌기도 했다. 이 때문에 중국 왕조 시대의 백성들은 포쾌를 두려워하고 미워했다.

우리나라 왕조 시대의 경찰

삼국 시대의 경찰 업무

한반도에 자리 잡은 고구려, 백제, 신라는 4세기 이후 점차 고대 국가의 모습을 갖추었다. 왕권이 강화되고, 국가의 기본법인 율령이 만들어지고, 정부 기관과 관직이 정비되어 통치 체제가 확립되었다. 지방에도 관리를 파견해서 고을을 다스리게 했다. 지방 수령으로 임명된 관리는 보통 그 지역의 방위를 책임지는 군사 지휘관과 범죄를 다스리는 사법 책임자를 겸했다. 국경이나 나라 안의 중요한 고을을 지키는 군대가 치안을 유지하고 왕에게 도전하는 세력을 물리쳤다. 고구려, 백제, 신라 모두 왕궁을 호위하고 수도를 지키는 군대가 치안을 유지하는 역할을 했으며 군대와 경찰은 구분되지 않았다.

경찰 역할을 한 고려의 군대

고려 초기에는 군대 중에서 수도인 개경의 치안을 담당하는 '금오위'와 성문과 주요 시설을 지키는 '감문위'가 경찰과 비슷한 역할을 했다. 10세기 이후 거란과 여진 등 외적이 침입하자 새롭게 군대를 창설하면서 '순검군'을 만들었다. 순검군은 수도의 안정과 질서 유지를 위해 밤마다 도성을 순찰하고 도적을 퇴치했다. 지방에도 순검군을 만들어 국경 지역을 순찰하고 도적이나 해적을 물리쳤다.

고려 중기에는 지배층인 귀족이 서로 파벌을 나누어 다투고, 정치를 담당한 문신과 군대를 이끄는 무신의 사이가 나빠지는 등 정치, 사회적 혼란이 심해졌다. 이러한 혼란 속에서 순검군은 반대 정치 세력을 탄압하는데 동원되기도 했다. 고려 왕 의종은 1167년 왕이 내리는 명령만을 따르는 '내순검군'을 따로 만들었다. 이들은 왕궁을 순찰하고 도성의 치안을 유지하는 한편 왕을 옆에서 경호했다. 지방 고을의 수령 바로 아래 벼슬인 '현위'가 군사를 지휘하는 한편 치안 유지를 담당했다.

고려 후기의 삼별초

1170년 문신만 높은 대우를 받는 것에 불만을 품은 무신들이 문신들을 죽이고 무신의 난을 일으켜 정권을 잡았다. 무신의 난 이후 고려에서는 무신들이 돌아가면서 권력을 장악했다. 1219년부터 고려의 실권을 잡은 최우(1166~1249)는 나라 안에 들끓는 도적을 잡기 위해 날랜 용사들을 뽑아 '야별초'라는 부대를 만들었다. 이들은 매일 도성 안이 안전한지 살피고 도적을 체포했으며 때로는 지방의 도적을 소탕했다. 또한 지방 사회의 치안 유지를 위해 동원되기도 했다. 야별초의 숫자가 늘어나자 이를 다시 좌별초와 우별초로 나누었고, 몽골에 잡혀갔다 도망쳐 나온 사람들로 '신의군'을 만들었다. 좌별초, 우별초, 신의군을 합쳐서 삼별초라고 부르는데, 이들은 국가에 속한 군인이었지만 최씨 정권의 명령을 따르는 개인 군대에 가까웠다. 이들은 조정에 저항하는 백성을 도적으로 몰아 토벌하고, 지방 사회를 통제하는 일에 주로 투입되었다. 몽골이 침략해오자 왕이 항복했음에도 불구하고 삼별초는 끝까지 맞서 싸웠다.

순마소와 순군만호부

고려는 몽골의 침입에 맞서 강화도로 조정을 옮기며 싸웠지만 결국 항복하고 말았다. 1270년 고려 왕 원종은 강화도를 떠나 수도인 개경으로 돌아왔다. 몽골은 고려 왕의 명령을 따르는 순검군 대신 '순마소'를 만들었다. 순마소에는 도적을 추적하고 잡는 군인인 순마 혹은 순군이 있었다. 순군은 밤에 수도를 순찰하고, 도적을 잡고, 싸움 등 질서를 어지럽히는 행동을 단속하는 치안 유지 임무를 맡았다. 지방 해인가에 왜구가 침입하면 순마소의 군사를 보내 토벌하기도 했다. 순마소는 자체적인 감옥을 가지고 있어 사람을 가두고 신문할 수도 있을 정도로 막강한 힘을 가졌다.

1298년에는 순군부를 '순군만호부'로 바꾸고 원나라 군대 계급 제도를 따랐다. 1316년에는 지방의 주요한 곳에 순마소의 군사들이 머물면서 순찰 업무를 수행하는 '순포'를 설치해 오늘날의 경찰청과 비슷한 체계를 전국적으로 구축하기 시작했고 순군만호부는 본부 역할을 했다. 하지만 순군만호부는 정치 싸움과 정권 쟁탈, 반대파 제거 등에 이용되기도 했고, 혼란한 시기에는 모반에 가담하기도 했다. 특히 명나라를 공격하라는 명령을 받은 이성계(1335~1408)가 위화도에서 군대를 돌려 개성을 점령하고 권력을 장악할 때 이성계의 편에 서서 반대파를 제거했다. 이 결과 순군만호부는 조선이 건국한 후에도 큰 규모로 세력을 유지했다.

조선 초기의 치안 제도

이성계와 그를 지지하는 신하들은 고려 왕실을 몰아내고 조선을 세웠다. 조선은 고려의 제도에 뿌리를 둔 채 여러 제도를 다시 정비했다. 수도를 한양으로 옮기고 한성부라 불렀으며, 한성부의 행정 구역을 동, 서, 남, 북, 중부의 5개 부로 나누었다. 그리고 지방은 8도로 나누어 다스렸다.

조선 초기에는 경찰의 역할이 여러 관청과 군대로 나누어져 있어서 어디에서든 법을 어기는 사람을 잡을 수 있었다. 붙잡은 범죄자는 형조(오늘날 법무부에 해당)로 보내 감옥으로 보냈는데 병조, 한성부, 사헌부 등에는 자체 감옥이 있었다.

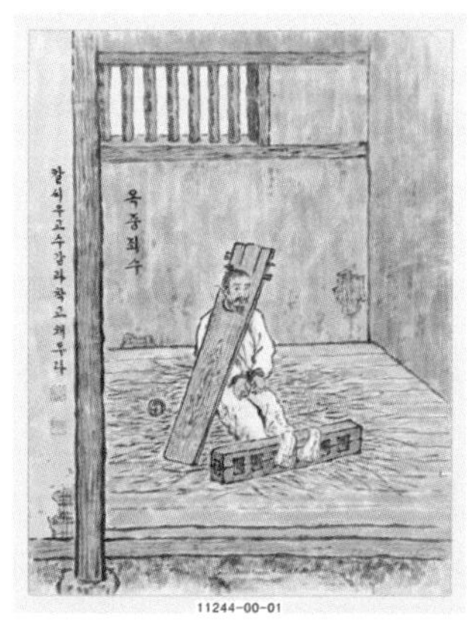

조선 시대 감옥에 갇힌 죄수를 그린 풍속화(국립민속박물관)

지방에도 각 도의 관찰사와 군, 현의 수령이 범죄자를 잡아 옥에 가두었다. 권세가 큰 양반이나 유학을 교육하는 서원에서는 그럴 권한이 없었음에도 법을 어긴 사람을 스스로 잡아 처벌하기도 했다. 또한 관리뿐만 아니라 일반 백성도 범죄자를 잡을 수 있었으며, 도적을 잡으면 후한 상을 받았다.

순군만호부에서 의금부로의 변화

고려 말에서 조선 초기까지 경찰 역할을 했던 순군만호부는 조선 건국 초기에도 그대로 유지되었다. 순군만호부는 관리들을 징계하고 처벌하는 일까지 맡고 있어서 왕의 정책에 반대한 신하들도 순군만호부의 옥에 가두고 심문했다. 이 때문에 순군만호부는 공포의 대상이 되었다. 규모도 점점 커져 태종 때에는 소속 군사가 1천 5백여 명이나 되었고, 왕에게 억울한 일을 호소할 때 울리는 '신문고'도 관리했다. 순군만호부의 역할과 권한이 너무 커지자 이를 줄이거나 없애자는 주장이 나오게 되었다.

순군만호부는 몇 차례 변화를 겪다가 1414년(태종 14년)에 '의금부'로 바뀌었다. 의금부에는 순찰, 도적 체포, 질서 유지를 담당하는 '도부외'와 신문고 지키기, 죄인 압송, 죄인을 신문할 때 매를 치고 경비하는 역할을 했던 '나장'이 있었다. 도부외와 나장 위에는 이들을 관리하는 하급 관리인 '영사'가 의금부의 실제적인 일을 처리했다. 하지만 1453년(단종 원년)에 도부외가 없어지고 한성부에서 도성을 아침저녁으로 순찰하게 되었다. 그 대신 의금부는 왕권의 확립을 위해 반역죄, 유교 윤리와 도덕에 어긋나는 죄, 유언비어 단속, 외국인 감시, 과거 시험장의 질서 유지 등을 담당했으며, 일반 백성이 아닌 관

조선 시대 의금부의 난장 치는 모습을 그린 풍속화(국립민속박물관)

리의 죄를 다스렸다. 또한 중요한 왕실 범죄 및 역모 사건은 왕의 명령을 받아 심문하고 재판하는 최고 재판소 역할을 했다.

야간 순찰과 통행금지

'순청'은 밤에 도성을 순찰하며 도둑이 들지 못하게 하고, 화재를 예방하는 일을 맡았다. 매일 밤 10시부터 새벽 4시까지 군사들이 조를 짜서 교대로 맡은 지역을 순찰했는데 이를 '순라'라고 하며 순라를 맡은 군인이 '순라군'이다. 도성의 순라는 순청에서 제일 높은 '순장'이 책임졌는데, 고위 관리 중에서 왕이 매일 직접 골라 하루만 순장 역할을 했다. 도성과 국경 인근 지역에서는 밤 10시 30분경부터 다음 날 새벽 4시 30분경까지 집 바깥을 돌아다닐 수 없었다. 매일 밤 정해진 시각에 큰 종을 28번 울려 통행금지가 시작된다는 것을 알렸고(인정), 새벽에는 33번 종을 쳐 통행금지가 풀렸음을 알렸다(파루). 통행금지가 시작되면 한양으로 통하는 성문을 닫았다가 통행금지가 풀리면 다시 문을 열었다. 통행금지 시간 동안 꼭 나가야 하는 일이 있다면 순라군에게 알려야 했다. 그러면 순라군이 목적지까지 안내해 주었다. 만일 야간 통행금지를 어기고 몰래 돌아다니거나, 통행금지 동안 꼭 나가야 하는 일을 거짓으로 꾸며내면 곤장을 맞았다. 간혹 뇌물을 받

순라군이 사용했던
육모빙망이(국립중앙박물관)

고 통행금지 시간에 다니는 사람을 눈감아 주는 순라군도 있었는데, 이 사실이 발각되면 군법에 따라 곤장 100대 이상의 엄한 처벌을 받았다.

동네의 파출소, 경수소와 이문

중요한 길목에는 지금의 파출소와 같은 '경수소'를 세웠다. 경수소에는 군인 2명이 근처에 사는 민간인 5명과 함께 밤새 근무했고 이들은 칼, 활, 몽둥이 등으로 무장했다. 경수소는 주로 서울과 서울 근교에 설치했는데 강원도, 황해도 일대에 도적이 많아지자 1551년(명종 6년)에는 전국에 도적이 다닐 만한 곳에 경수소를 만들었다. 또한 한양에는 마을로 접어드는 길 어귀에 '이문'을 만들고 동네 사람들이 교대로 밤새워 지켰는데, 동네가 10집 이하는 2명이, 10~20집 이하는 3명이, 20~30집 이하는 4명이, 그보다 큰 동네는 5명이 밤마다 드나드는 사람을 경계했다. 이문은 도성의 도적을 막는 데 효과가 있었다.

도둑 퇴치의 전문가, 포도장

조선은 여러 기관에서 치안 유지를 위해 노력했지만, 흉년이 들면 도적의 수가 늘어나 백성들의 삶이 어려워졌다. 이러자 조정에서는 도적 퇴치만을 담당하는 관청과 관리를 두려고 마음먹었다.

1469년(예종 1년) 전라도 무안 지방에 장영기라는 도적이 100여 명의 무리를 모아 전라도와 경상도를 오가며 약탈을 일삼았다. 이들의 세력이 너무 커서 해당 지역의 관찰사가 도적을 퇴치하지 못하고 오히려 관군이 살해당하기까지 했다. 그러자 조정에서는 전라도와 경상도에 장군을 보내 그 지방 군대를 통솔해서 도적을 토벌하도록 했다. 원래 도적이 나타나면 그 지방의 수령이 책임지고 잡아야 했지만, 도적의 무리가 커지고 조직화되어 먼저 관군을 공격하거나 감옥을 습격할 정도로 강해져 지방의 군인만으로는 도적 떼를 소탕하기 어려웠다.

성종 대에는 본격적으로 각 지방의 도적을 토벌하기 위해 도적을 잡는 장수라는 뜻의 '포도장'을 임명하여 내려보냈다. 포도장은 서울에서 적은 수의 군인만 데려간 다음 그 지역의 군인을 동원해서 도적을 퇴치했다. 포도장은 도적 소탕에 효과가 있었으나 폐해도 많았다. 포도장이 내려가 군대를 소집하면 군량을 마련하느라 지역 주민이 매우 힘들었고, 포도장이 개인적인 일에 군인을 동원한다든지, 죄가 없는 사람을 함부로 벌한다든지 하는 일도 자주 생겼다.

수도의 군대가 여진 정벌에 동원되어 북으로 이동하자 도성의 치안을 유지할 군인이 줄어들었다. 이를 메꾸기 위해 1491년(성종 22년) 한성부의 5개 지역에 각각 포도장을 두었으며, 이때부터 포도장은 수도의 치안을 담당하기 시작했다. 도적을 잡은 실적에 따라 상금을 받고 승진도 할 수 있었기에 지방에 내려간 포도장은 무고한 백성을 도적으로 몰아 죽이기도 하고, 도적을 색출한다고 한 마을을 쑥대밭으로 만들기도 했다. 이런 문제로 포도장을 지방에 보내는 일은 점점 줄어들었고 중종 대에는 포도장이 수도와 경기도 일부에서만 주로 활동했다.

포도청의 탄생

중종, 명종 대는 조선 왕조를 통틀어 도적의 피해가 가장 컸던 시기였다. 도적을 소탕하기 위해 포도장 대신 도적 퇴치를 전담하는 관청인 '포도청'이 1544년(중종 39년) 마침내 모습을 드러냈다. 수도에는 좌, 우 두 개의 포도청이 있었다. 좌포도청은 한성부의 동부, 남부, 중부, 그리고 경기좌도를 담당했고 우포도청은 서부와 북부, 경기우도를 담당했다.

두 포도청은 때로는 협력하고 때로는 경쟁하는 관계였다. 좌, 우 각 포도청의 지휘관은 '포도대장'으로 종 2품의 고위 관리였는데 군인 출신이 많았다. 포도대장 아래는 죄인의 심문과 행정 처리를 맡은 '종사관', 현장 수사와 순찰을 관리하는 '포도군관', 기록을 맡은 '서기'가 있었다. 포도군관 아래는 많은 포도군사가 있었는데 흔히 포도군관을 '포교', 포도군사를 '포졸'이라고 한다. 포교 중에는 비밀 정보를 수집하는 사람과 범인을 수사하는 전문가도 있었다.

화가 김준근이 그린 포도청에 잡혀온 죄인을 벌하는 모습(국립민속박물관)

상업이 발달하면서 포도청의 일도 늘어나 좌포도청은 세금으로 거둔 쌀을 운반하고 보관하는 일을, 우포도청은 허가받지 않고 장사를 하는 사람과 인삼 매매를 단속했다. 도성의 순라도 군대와 포도청이 함께 돌았다. 하지만 조선 후기로 갈수록 궁성의 호위, 왕이 행차할 때 수행, 왕족의 장례식 준비에 주로 동원되었다. 19세기 이후에는 천주교도를 색출하는 일에 집중하면서 도적 퇴치와 질서 유지에 힘을 쏟기 어려워졌다.

포교와 포졸

포교는 포졸들의 지휘관으로서, 이들에게 명령을 내려 순찰과 수사를 진행했다. 포교는 포도대장이 발행한 신분증인 통부를 가지고 다녔는데 범인을 체포할 때는 이 통부를 내보였다. 포교는 하루에 여러 차례 자기 담당 구역을 순찰하고 포졸들과 암호를 만들어 은밀하게 정보를 주고받았다.

포졸은 포도청에 속한 군인으로 포교의 지휘에 따라 거리를 순찰하고 범인을 체포했다. 포도청이 아닌 다른 기관에 속한 군인들도 필요하면 도적을 잡는 데 동원되기도 했다.

백성이 범죄를 신고하면 수사 담당 포교가 수사를 시작했다. 하지만 반역죄가 아닐 경우 자식이 부모를, 아내가 남편을, 노비가 집주인을 고발하는 것은 유교의 윤리를 어기는 것으로 신고한 사람도 처벌받았다. 부잣집에 도적이 들면 포교와 포졸은 수사에 필요한 비용뿐 아니라 밥값, 술값 등도 피해자로부터 받았으며, 고문이나 매질을 약하게 하는 대가로 범죄자로부터 돈을 받기도 했다. 또한 포교는 미리 범죄자를 매수해 두었다가 이들 중 몇을 가벼운 죄목으로 체포해서

구한말 화가 김윤보의 '형정도첩' 중 일부, 포교가 도박판을 몰래 감시하다가 덮치는 그림(왼쪽), 김홍도가 그린 '부벽루 연회도'에 등장한 포졸(오른쪽, 국립중앙박물관)

성과를 올리는 편법을 쓰기도 했다.

지방의 치안 활동

지방은 각 도의 관찰사, 목사, 군수, 현령 등 고을의 수령이 행정과 치안 모두를 책임졌다. 관찰사는 행정, 군사 및 사법권을 가지고 관할 지역의 수령을 지휘, 감독했고 민생을 살폈다. 마찬가지로 고을의 수령은 자기가 맡은 지역의 행정과 치안을 책임졌는데 수령 아래의 '병방'이나 '형방'이 경찰 업무를 담당했다. 병방이나 형방은 지방의 하급 관리인 향리로 그 지역에 대대로 산 백성이 맡았다. 향리는 봉급을 따로 받지 않아 여러 부정과 불법을 저질러 돈을 받아내 백성들로부터 원성을 샀다.

도적을 잡기 위해서 지방의 수령이나 군대 지휘관에게 '토포사'라는 직위를 추가하기도 했다. 지방에서 발생하는 도박이나 절도, 가벼운 강도 사건은 토포사가 알아서 처리했으며, 더욱 중한 범죄가 발생하면 범인을 잡아 관찰사에게 보내 판결하도록 했다.

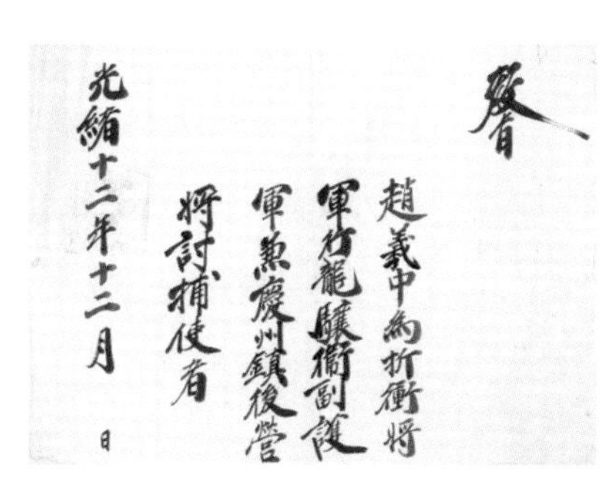
敎旨
趙義中爲折衝將
軍行龍驤衛副護
軍兼慶州鎭後營
將討捕使者
光緖十二年十二月 日

1886년 조희중을 토포사에 임명한다는 내용의 교지(국립민속박물관)

조선 말기 포도청의 문제

조선 후기의 포도청은 백성을 보호하고 도적을 퇴치하는 본래의 일은 소홀히 한 채 정치적인 목적에 이용될 때가 많았다. 게다가 포도청의 현장 지휘관 격인 포교 중 대다수가 관직이 없고 봉급도 받지 못하는 형편이었다. 포도군사는 한 달에 쌀 여섯 말*을 받았지만, 제때 받는 사람은 절반이 채 안 되었다. 이러자 포교와 포졸은 다양한 방법으로 민간인에게 돈을 뜯어내 백성들의 미움을 샀다. 이런 상황 때문에 포도청은 치안 유지 업무를 제대로 하기 힘들었다.

개항으로 외국 문물을 받아들이기 시작

1875년 일본은 군함을 강화도에 보내 조선을 공격했다. 이어 함대를 앞세우고 조선을 압박해서 1876년 강화도 조약을 맺는데, 이 조약의 결과로 조선은 부산, 인천, 원산의 세 항구를 열어(개항) 외국과 교역을 시작했다. 일본을 시작으로 조선은 미국, 영국, 독일, 러시아, 프랑스 등 서양 여러 나라와 외교 관계를 맺었으며 이때부터 본격적으로 서양의 문

26세의 유길준

* 조선 시대 1말은 약 6kg

물이 우리나라에 들어오기 시작했다. 조선에서는 일본에 수신사, 조사시찰단 등을 보내 일본의 법과 제도를 알아보았고, 미국에도 친선 사절을 보내 서양의 제도와 문물을 경험하도록 했다.

조선에서 파견된 외교 사절단 '보빙사'

1881년 유길준(1856~1914)은 조사시찰단을 따라 일본에 건너가 공부하고, 1883년에는 친선 사절단으로 미국을 방문했다. 다른 사절단은 몇 달 후 조선으로 돌아갔지만, 유길준은 혼자 남아 미국 학교에서 공부하고 유럽을 여행한 후 귀국하여 『서유견문』이라는 책을 써서 서양의 근대 문명을 본격적으로 소개했다. 그는 서유견문에서 근대적 경찰의 필요성을 강하게 주장했다. 그는 근대적 경찰 제도를 치안 유지와 함께 '개명한 진보'를 위한 중요한 수단이라고 생각하고, 우리 근대 경찰의 창설 목적은 '민생의 복지와 안강'에 있다는 점을 제시했다. 유길준을 비롯한 다른 개화파 정치가, 사상가들은 조선의 발전을 위해 강력한 치안 유지 능력을 갖춘 경찰을 만들려고 했다.

근대 경찰의 등장

서양에서는 점차 군인과 경찰을 구분하기 시작했다. 경찰이 하는 일 역시 치안 유지, 교통 정리, 범죄 수사 등으로 분야가 나뉘고 영국에서는 범죄 수사를 전문으로 하는 사복 경찰 '형사'가 등장했다. 경찰 훈련도 체계적으로 이루어져 전문직으로서의 경찰의 모습을 갖추게 되었다. 경찰에 관한 인식도 변화했다. 이전에는 폭력과 두려움의 상징이었던 경찰은 시민을 위해 봉사하는 친숙한 존재로 거듭났다.

우리나라의 경찰은 일본과 서양 세력의 침략으로 격동의 역사를 겪으며 발전했다. 일제 강점기 이후 서양 경찰 제도를 참고하여 경찰을 조직하였으며 한국 전쟁 당시에 훈련 받은 경찰이 활약하기도 했다.

서양 근대 경찰의 성장

절대 왕정 국가와 강력한 경찰

14세기 이후 유럽은 전염병과 전쟁으로 경제가 무너지고 수많은 사람이 죽는 등 혼란을 겪었다. 이 혼란을 지나면서 왕이나 정부가 강력한 권력을 쥐고 다스리는 절대 왕정 국가가 성장했다. 이전에는 각 지역의 영주가 담당했던 일들을 국가에서 맡게 되면서 점점 복잡해지고 전문화되었다. 이전에는 구분 되어 있지 않았던 군대, 재판, 경찰 업무가 각각 나뉘게 되었다.

이 시기의 경찰은 사회의 안녕과 질서를 유지하는 한편, 공공의 이익을 증진하는 임무를 가지고 있었다. 경찰은 공공의 이익을 증진한다는 이유로 개인의 행동을 강제로 정할 수 있었고, 개인은 이에 저항할 수 없었다. 하지만 18세기 중엽 이후 절대 권력에 저항하는 자유주의와 계몽주의*가 발전하면서 왕과 국가가 누리는 강력한 권한을 제한하고 법에 따라 지배해야 한다는 사상이 자리 잡았다. 경찰의 권한 역시 공공의 안녕과 질서 유지, 국민을 직접적인 위험으로부터 보호하는 영역으로만 제한해서 이전처럼 국민의 모든 생활을 간섭할 수 없었다.

• 본보기가 된 영국 경찰

도시화와 범죄의 증가

산업 혁명은 여러 나라의 모습을 바꾸었다. 그중에서도 산업 혁명이 시작된 영국은 큰 변화를 겪었다. 우선 산업화가 진행되면서 상품을 대량으로 생산하는 공장이 몰려있는 대도시가 생겨났다. 도시에는 전국 각지에서 직업을 구하려는 사람들이 몰려들어 인구가 급속히 불

산업 혁명 도시 전경

* 봉건적, 종교적인 권위와 미신, 편견 등을 인간의 합리적인 이성을 바탕으로 비판하는 사상

어났다. 하지만 도시에 모여든 모든 사람이 일자리를 구하지는 못했다. 수입이 없어 굶주림과 가난에 시달리던 사람들은 도둑질 같은 범죄를 저지르고는 했다. 이로 인해 영국 대도시에는 도둑과 강도가 들끓었고 길거리에 싸움도 끊이지 않았다. 영국 정부는 엄격한 법을 만들어 범죄를 막으려 했지만 성공하지 못했다.

현상금 사냥꾼의 등장

영국 정부와 범죄 피해를 본 개인은 범죄자에게 현상금을 걸었다. 이 현상금은 상당히 큰 액수라서 범죄자를 추적해서 체포하는 일을 전문으로 하는 '도둑 잡이' 또는 '현상금 사냥꾼'이 등장했다. 이들은 범죄자를 잡는 일뿐 아니라 때로는 귀중품을 훔쳐 간 도둑에게 연락해 피해자로부터 돈을 받고 다시 돌려주도록 교섭하는 역할도 했다. 하지만 현상금 사냥꾼은 돈을 노리고 여러 가지 불법적인 일을 했다. 범죄자를 협박해서 돈을 뜯어내는 것은 물론 때로는 귀중품이 있는 곳과 경비가 약한 곳을 알아내 도둑들에게 알려 주고 훔친 물건을 나눠 받기도 했다. 이런 현상금 사냥꾼의 잘못된 행동은 사람들로부터 큰 비난을 받았고, 도둑을 도와 돈을 벌다 잡혀 처형된 현상금 사냥꾼도 있었다.

도망친 노예를 잡아오는 현상금 사냥꾼

당시 영국에서는 셰리프가 임명한 경비원이 사회의 질서를 유지하고 범죄를 막았다. 하지만 이들이 받는 급료는 형편없었고, 경비원으로 일하기에 적합하지 않은 나이이거나 허약한 사람도 많았다. 때로는 뇌물을 받고 범죄를 모른 척하기도 했다. 이들로 늘어나는 범죄를 막아내기에는 힘에 부쳤다.

새로운 경찰의 선구자

1749년 영국 런던과 미들섹스 지역의 치안 판사* 헨리 필딩(1707~1754)은 범죄 예방과 범죄자 체포를 위한 새로운 방식을 도입했다. 그는 뛰어난 현상금 사냥꾼 6명을 공무원으로 고용했다. 범죄 신고

헨리 필딩의 초상화(왼쪽)와 보우 스트리트 러너가 주로 활동하던 보우 스트리트(오른쪽)

* 특별히 법에 대한 전문성은 없지만 '착하고 법을 잘 지키는 일반인'인 판사. 범죄에 대한 1차 재판을 담당했다.

가 들어오면 이들이 출동해 현장을 조사하고, 범인이 누군지 수사하고 체포했다. 이들은 주로 활동하던 거리의 이름을 따 '보우 스트리트 러너Bow Street Runner'라는 별명으로 불렸다. 보우 스트리트 러너는 1주일에 1파운드 약간 넘는 봉급(현재 기준 약 27만 원)을 받았으며, 현상금이 걸린 범인을 체포하면 현상금 일부를 받았다. 게다가 범죄의 피해자가 개인적으로 보상하기도 해서 보우 스트리트 러너의 수입은 풍족한 편에 속했다.

헨리 필딩이 죽고 나서 뒤를 이은 사촌 동생 존 필딩(1721~1780)은 범죄 자료를 체계적으로 모아뒀고, 런던 지역의 범죄 정보를 담은 잡지를 발간했다. 이를 통해 더욱 발전한 보우 스트리트 러너는 범죄 예방과 범인 체포에 두각을 나타냈다. 점점 기존의 콘스터블은 주로 거리를 순찰하고 교통 정리하는 역할을 했으며, 보우 스트리트 러너가 범죄 수사의 주인공이 되었다. 1805년부터 보우 스트리트 러너는 경찰 제복을 갖춰 입기 시작했다. 검은색 장화와 모자, 흰 장갑과 푸른색 코트를 입고, 허리에는 권총과 칼, 그리고 곤봉을 차고 다녔다. 코트 안에 붉은색

19세기 영국 기마경찰

조끼를 갖춰 입어 '붉은 가슴 종달새'라는 별명을 얻기도 했다.

1800년에는 템스강과 강가의 항구를 돌며 범죄를 단속하는 수상경찰이 생겼다. 이와 더불어 말을 타고 순찰하는 '기마경찰'도 있었다. 기마경찰은 거리로 몰려나온 군중을 해산시키는 일을 하기도 했다.

현대적인 경찰의 시조, 런던 메트로폴리탄 경찰서

19세기의 런던은 눈부신 경제 성장을 이룬 도시였다. 새로운 미래를 꿈꾸며 많은 사람이 런던으로 몰려들었지만, 동시에 범죄와 폭력도 늘어나 사람들은 거리에 나가는 것을 두려워했다. 그래서 범죄를 예방하고 개인의 생명과 재산을 보호하는 경찰이 더 많이 필요하다

런던 경찰의 다른 이름, 스코틀랜드 야드

오늘날 런던에 위치한 스코틀랜드 야드

런던 경찰은 '스코틀랜드 야드'라는 별명으로 더 유명하며, 소설이나 영화에서도 스코틀랜드 야드라는 별명이 흔히 등장한다. 처음 런던 경찰이 만들어지고 본부를 차린 건물의 뒷문이 '그레이트 스코틀랜드 야드'라는 이름의 거리로 나 있어서 이런 별명이 붙었다고 한다.

는 목소리가 커졌다.

1829년 영국의 내무부* 장관 로버트 필(1788~1850)은 국가에서 봉급을 지급하는 전문 경찰관을 많이 뽑아 운영하는 경찰 개선안을 만들고 런던 메트로폴리탄 경찰대를 창설했다. 필은 경찰이 시민들에게 친근하게 다가갈 수 있도록 경찰봉과 수갑, 호루라기 말고는 총이나 칼 같은 무기를 가지고 다니지 못하게 했다. 또한 경찰이 개인의 사생활에 간섭하는 것을 엄하게 금지했다. 긴 푸른색 코트를 입고 검은 모자를 쓴 경찰관을 시민들은 '보비Bobby'라는 별명으로 불렀다. 이는 경찰대를 만든 내무부 장관 로버트 필의 애칭이었다. 덕분에 사람들은 경찰에 대한 친근감이 높아졌다.

낯선 사람에게 질문하는 영국 경찰, 자세히 보면 무기 없이 경찰봉을 지녔고 손목에 완장을 찼다.

필은 좋은 집안 출신이거나, 교육을 많이 받은 사람보다 세상 물정을 잘 알고, 길거리 구석구석 사정에 익숙한 노동 계급 출신을 경찰로 선호했다.

* 치안과 화재, 외국인의 이민을 관리하는 영국의 행정 부서

신뢰를 만들어간 영국 경찰

경찰은 쉽지 않은 직업이었다. 12시간씩 교대로 근무했으며, 공휴일에도 거의 쉬지 못했다. 경찰은 거리의 질서를 통제하는 일뿐만 아니라 화재를 진압하고, 환자를 병원에 옮기기도 했다. 매일 매일 자기가 한 일을 일지로 기록해야 했고, 아침마다 밤새 일어난 사건에 관한 정보와 자신이 체포한 사람, 또는 길 잃은 아이를 다음 근무 경찰관에게 인계했다. 경찰관마다 자기가 담당하는 거리, 상가, 극장 등 구역이 있어서 정기적으로 돌아보았다. 범죄가 자주 일어나는 지역이나 술집, 도박장, 항구 등 위험한 지역은 혼자가 아니라 팀을 짜서 순찰했다.

이처럼 보통 사람을 보호하고, 개인의 권리를 지키기 위해 노력하고, 공공 서비스를 제공하는 경찰의 모습에 사람들은 점점 경찰을 친밀하게 느끼기 시작했다.

특별한 경찰, 형사가 등장하다

런던 경찰의 첫 번째 대장이었던 리처드 메이네(1796~1868)는 가장 뛰어난 경찰을 뽑아 비밀리에 훈련하고 범죄를 조사하도록 했다. 이들은 제복을 입지 않고 일반인과 같은 차림으로 은밀하게 범죄를 수사하고 범인을 체포하는 '형사'였다. 하지만 일반인과 구분하기 어려운 모습으로 몰래 시민을 감시하면 개인의 사생활을 침범할지 모른다는 위험 때문에 드러내놓고 활동하지 못했다.

당시 영국 여왕은 암살 위험에 시달렸다. 메이네는 범죄자의 뒷배경을 조사하면 여왕의 암살 시도를 막을 수 있다고 주장했다. 또다시 여왕 암살 시도가 일어나자 깜짝 놀란 영국 정부는 정식으로 형사 부서를 허락했고, 1876년 런던 경찰에 '범죄수사부'가 만들어져 평상복을 입은 8명의 형사가 활동을 시작했다.

리처드 메이네의 초상화

형사가 되기 위해서는 기본적인 법률부터 과학적인 수사 방법까지 많은 것을 익히고 엄격한 훈련을 받아야 했다. 형사는 범죄 수사의 전문가로 범인이 누군지 밝혀지지 않은 범죄를 수사했고 때로는 범죄자를 거짓 정보로 유혹하거나 범죄자 집단에 몰래 들어가 정보를 얻었다. 처음에 형사가 등장하자 경찰이 정체를 숨기고 자유민을 감시한다고 반대하는 사람도 있었다. 하지만 범죄를 예방하고 범인을 체포하며 활약하는 형사는 일반인에게 큰 인기를 끌었다. 이후 형사를 주인공으로 그들의 활약을 흥미진진하게 그리는 많은 소설과 영화가 등장하게 되었다.

• 유럽 대륙과 미국의 경찰

프랑스의 경찰

17세기 루이 14세 때 생겨난 프랑스의 파리 경찰국의 경찰국장은 왕의 뜻을 대신 집행하는 막강한 권력을 가지고 있었다. 하지만 1789년 프랑스 혁명 이후 새롭게 수립된 정부는 파리 경찰국을 없애고 파리의 치안은 민간 방위대가, 지방의 치안은 헌병*이 담당하도록 했다. 이후 1799년 프랑스의 권력을 장악한 나폴레옹은 다시 파리 경찰청을 창설해 경찰의 힘을 장악했다. 1811년에는 '비도크Vidocq'라는 탐정이 범죄자들을 이용해서 범죄 정보를 입수하고 범인을 잡는 일종의 형사 조직이 만들어지기도 했다. 프랑스는 국가가 경찰을 직접 감독하면서 인구 5천 명 이상의 지방에는 경찰서를 설치했고 군인이 담당했던 보안 업무나 국경 경비 업무도 경찰이

오늘날 파리 경찰청 본부

* 군대 내에서 경찰 업무를 하는 군인, 군대 내의 법규와 질서 유지, 범죄 단속 등 군사 관련 경찰의 역할을 한다.

담당하기 시작했다.

독일의 경찰

독일은 경찰의 임무는 공공의 질서 유지와 복리 증진이라 믿었다. 왕의 절대 권력을 대리하는데다가 복리 증진이란 이름을 붙이면 못할 일이 없었기에 경찰의 권한은 막강했다. 하지만 19세기에 이르면서 점차 복리 증진은 경찰의 일이 아니라는 생각이 자리 잡기 시작했다.

1882년 독일 베를린의 경찰서장은 크로이츠베르크 언덕에 있는 전쟁 기념비의 주위 경관을 보기 좋게 하려고 근처 건물을 높게 짓지 못하게 막았다. 경찰은 전쟁 기념비를 찾는 사람들 모두의 이익을 위한 것, 즉 복리 증진이라는 명분을 내세웠다. 하지만 베를린 법원은 공공의 복리 증진을 위한 일은 경찰의 업무가 아니라고 판결했고 이후 경찰의 권한은 위험을 방지하는 영역에서만 사용하도록 제한되었다.

미국의 경찰

세계 각국은 영국 경찰을 본보기로 삼아 경찰 제도를 다시 정비했는데 특히 미국이 큰 영향을 받았다. 미국에는 영국의 북아메리카 식민지였던 시절부터 뉴암스테르담(오늘날 뉴욕)에 경비원이 있었다. 이

뉴욕 경찰의 새로운 제복을 그린 삽화, 자세히 보면 가슴에 팔각 별 모양의 배지를 달고 있다.

경비원은 자발적으로 지원한 시민이었고, 손에는 종을 들고 거리를 순찰했으며 1658년이 되면 봉급을 받는 순찰 경관이 등장해서 경비원을 대신했다.

1845년에는 영국의 경찰을 본받아 뉴욕시에 직업적인 경찰 제도가 도입되었다. 미국에서는 경찰을 '캅Cop'이라고 불렀는데, 이는 순찰 경관Constable on Patrol에서 따온 이름이라고도 하고, 경찰관이 다는 구리Copper로 된 팔각형 별에서 딴 이름이라고도 한다.

도시의 경찰과는 별개로 미국의 지방마다 보안관Sheriff이 그 마을의 치안을 책임졌다. 보안관은 그를 돕는 조수Deputy를 뽑아 함께 범죄자를 잡아 유치장에 가두어 두었다가 마을을 돌며 재판하는 순회 판사가 찾아오면 범죄자를 넘겼다. 보안관은 미국의 서부 개척 시대*를 배경으로 하는 영화에는 빠지지 않고 등장한다.

* 1850~1890년대 미국이 서쪽으로 뻗어나가 많은 사람이 서쪽으로 이주하던 시기로 카우보이, 보안관, 무법자, 인디언 등으로 대표되는 시기이다. 이 시기를 배경으로 하는 영화를 '서부 영화'라고 한다.

미국 보안관 배지

20세기 이전까지 미국의 경찰은 부정부패가 심했다. 경찰서장을 투표로 뽑았는데 임기가 짧아 치안 전문가보다는 부유한 사업가, 정치가, 마을 유지 등이 부업처럼 경찰서장을 맡았다. 이들은 자기 이득을 위해 경찰 지위를 이용했기 때문에 공공의 이익보다는 권력자를 위해 일하는 경찰도 많았다. 점차 경찰서장의 임기가 길어지고 경찰 출신 전문가가 서장이 되었지만, 정치가나 유력한 사업가의 영향력을 완전히 벗어나지는 못했다.

19세기, 경찰의 지위 상승

전문적인 직업으로서 경찰이 탄생한 이후 경찰관에 대한 대우는 점차 좋아졌다. 경찰관은 영국과 미국의 경우 중산층 이상의 수입을 얻는 직업이 되었다. 유럽 대륙의 국가는 경찰관의 봉급이 영국이나 미국에 비해 적었지만 국가에서 집을 구해주는 등 다른 혜택이 있었다.

초기의 경찰은 돈을 받고 일을 마음대로 처리하거나, 잔혹한 폭력을 행사해 악명이 높았다. 하지만 경찰의 사회적인 지위가 향상되어 좋은 인재들이 경찰관이 되고, 경찰이 정치권력으로부터 떨어져 나오기 시작하자 부정부패와 폭력은 크게 줄어들었다.

20세기 이후 서양 경찰의 변화와 발전

악명 높았던 비밀경찰 게슈타포

자유주의와 계몽주의 사상이 널리 퍼져나가 인간의 존엄성과 개인의 자유, 평등에 관한 관심이 높아졌다. 그러나 20세기 초~중반에 걸쳐 전체주의*와 독재가 등장했다. 나치 정권의 독일, 제국주의 일본, 파시즘을 내세운 이탈리아, 스탈린 치하의 소련과 같은 전체주의 국가는 강력한 국가 비밀경찰을 동원해서 국민 개개인의 사생활과 사상을 몰래 감시하고, 국가의 목적에 어긋나는 사람들을 잡아 가두고 죽이기까지 했다. 가장 악명 높은 비밀경찰은 나치 독일의 '게슈타포 Gestapo'였다.

* 개인의 모든 활동은 민족과 국가 같은 전체의 존립과 발전을 위해 존재한다는 생각으로 개인의 자유를 억압하는 사상

1933년 만들어진 게슈타포는 나치 독일에 반대하는 사람을 감시하고, 수상하다고 생각되는 사람들을 마음대로 잡아들여 고문했으며, 유대인을 학살했다. 소련의 최고 지도자였던 스탈린은 내무인민위원회(약자로 NKVD)를 이용해서 소련에 반대하는 사람을 제거하거나, 잡아들여 강제 수용소에 넣었다. 이들은 반대파에게 '인민의 적'이라는 이름을 붙이고 NKVD에서 만든 특별 법정에서 재판했는데 특별한 증거 없이 유죄 판결을 내렸고, 자백을 받기 위해 거리낌 없이 고문했다. 또한 해외로 망명한 반대파 정치인을 암살하는 일도 했다.

작전 수행을 위해 사복 차림을 한 비밀경찰 게슈타포

소련, 소비에트 사회주의 공화국 연방

소비에트 사회주의 공화국 연방(Union of Soviet Socialist Republics)을 줄여서 소련이라 한다. 1917년 러시아 혁명으로 왕조를 무너뜨리고 1922년 건국한 최초의 사회주의 국가로 미국에 맞서 세계를 둘로 나눠 대립한 강대국이었다. 1991년 해체되고 지금의 러시아 연방이 되었다.

여성, 소수자 출신 경찰의 증가

전통적으로 경찰관은 신체 조건이 뛰어난 남성들의 직업으로 여겨졌다. 하지만 1888년 미국 뉴욕시 경찰에 최초로 여성 경찰관이 채용된 이후 대부분 국가에서 여성을 경찰로 받아들이기 시작했다. 그러나 프랑스는 1963년이 되어서야 비로소 여성 경찰을 인정했고, 아직도 일부 국가에서는 여성을 경찰로 뽑지 않는다.

유럽과 미국에서는 백인이 아닌 인종도 경찰관이 되기 시작했다. 영국에서는 1837년 흑인이 최초로 경찰이 되었으며, 미국은 1861년 워싱턴에 흑인 경찰관이 처음 등장했다. 미국은 19세기 후반 무렵부터 여러 도시에서 흑인을 경찰로 채용했고 지금은 대부분 나라에서 경찰관을 뽑을 때 성별, 인종, 종교 등에 따라 차별하지 않는다.

체계화된 경찰 훈련

신체적 조건이 경찰이 되기에 알맞아도 충분한 훈련을 거치지 않으면 경찰이 될 수 없다. 영국과 캐나다는 나라에서 운영하는 국립 경찰 학교가 있고, 미국은 도시마다 경찰 훈련소와 경찰 학교가 있는데 이 학교 졸업생을 우선 경찰로 뽑는다.

연방수사국 FBI의 로고

미국 전체의 범죄 수사와 정보 수집, 중요한 테러 범죄나 지역 경찰의 힘으로 다루기 힘든 사건을 수사하는 연방 수사국(약자로 FBI)은 연방 수사국 아카데미를 운영한다. 여기서는 FBI 요원뿐 아니라 미국 각 도시 경찰 학교의 교관도 학생으로 교육받는다.

경찰견 K9

중세 시대부터 범죄자를 추적하고 잡는 데 훈련된 개를 활용했다. 1899년 벨기에에서 최초로 경찰견 부대를 만들어 운영했고 영국에서는 절도를 경비하는 경찰이 1908년 경찰견을 본격적으로 활용하기 시작했다. 특별한 훈련을 거친 경찰견들은 저항하는 범죄자를 공격하고, 마약이나 화약의 냄새를 맡아 알려주고, 증거물의 냄새를 맡아 범인의 흔적을 추적하고, 숲속이나 산에서 실종자를 찾는 일을 한다. 경찰견이나 경찰견 부대를 여러 나라에서 'K9'이라는 이름으로 부른다. 이는 개의 라틴어 학명 'canine'의 발음 '케이나인'을 딴 것이다.

뉴욕 경찰의 경찰견 배지(오른쪽)와 시범을 보이는 경찰견(왼쪽)

경찰에 대한 인식의 변화

서양 여러 나라에서 경찰은 사회적인 존경과 대우를 받는 직업이 되었다. 테러 진압, 인질 구출, 폭탄 제거, 폭동 진압 등 위험한 일을 전문적으로 하는 특수부대는 목숨이 위험한 만큼 더 좋은 대접을 받는다.

민주주의 국가가 성장하면서 국가는 국민의 자유를 중시하고 개인의 인권을 존중하는 것을 중요한 의무로 삼는다. 경찰도 권력과 정치로부터 독립해서 공공의 질서를 유지하고, 범죄의 피해와 위험으로부터 국민의 생명과 재산을 보호하고, 국민에게 봉사와 도움을 제공하는 공공 서비스의 제공자 역할을 하고 있다. 또한 지역 사회의 안정을 유지하기 위해 자발적으로 나서는 시민들도 많아져 경찰은 이들과 긴밀하게 협력하고 있다.

중국 근대 경찰의 등장과 발전

청 왕조의 쇠퇴

수천 년간 이어져 오던 중국 봉건 왕조는 19세기 중반 아편 전쟁에 패배하면서 본격적으로 혼란에 빠져들기 시작했다. 1898년 '청나라를 부강하게 하고 서양 세력을 물리친다'라는 명분을 내세운 의화단 세력이 중국 전역에서 서양 사람을 공격하고 교회를 불태웠다. 1900년에 의화단은 베이징을 습격해서 교회와 외국인 거주지를 불태우고 선교사와 기독교인들을 살해했다.

청나라는 의화단을 진압하는데 소극적이었다. 그러자 영국, 프랑스, 독일, 러시아, 미국, 일본, 이탈리아, 오스트리아 8개국이 연합해서 베이징을 공격해 함락시켰다. 이들은 의화단을 색출한다는 명분으로 중국 백성을 약탈하고 실해했다. 청나라는 각국에 피해를 보상

의화단이 철도를 파괴하는 모습을 그린 프랑스 신문 삽화(오른쪽)와 의화단원들(왼쪽)

하는 조건으로 어마어마한 배상금을 물었다. 또한 베이징으로 통하는 철도 근처에 외국 군대가 주둔하게 되었다. 의화단의 난을 계기로 청나라 정부는 새로운 정치, 즉 '신정'을 하겠다고 선언했다.

경찰 조직 창설

신정 하에서 근대적인 경찰을 만들어야 한다는 의견이 본격적으로 나왔다. 이에 따라 1901년 새로운 경찰 조직 '협순총국'을 만들고 베이징의 행정 구역마다 경찰을 배치해 순찰하며 도적을 잡고 도시의 치안을 유지하도록 했다. 하지만 협순총국은 제도만 만들었을 뿐 실제적인 내용을 갖추지 못했다. 그래서 1902년에 협순총국을 없애고 '공순총국'을 새롭게 만들었다. 공순총국은 서양 각국의 경찰 제도를 따랐으며, 치안 유지 업무 외에도 도시의 행정 업무를 모두 취급했다. 하지만 공순총국도 아직 근대적 경찰이라고 하기에는 경찰관의 훈련이나 일하는 방식이 체계적이지 못했다.

1905년 정부의 대신이 반대파에 습격당하는 사건이 발생하자 청나라는 전국 경찰의 최고 관리 기구인 '순경부'를 만들었다. 순경이라는 말은 돌아다니며 경계한다는 뜻으로, 경찰의 기본적인 임무를 가리킨다. 순경부는 중국 전체의 치안, 교통, 위생, 소방, 상업 관리 등 경찰 업무를 담당했고, 경찰 학교를 운영하고 새롭게 경찰관을 뽑는 일도 책임졌다. 경찰 계급도 '순관, 순장, 순경'으로 정리했고 베이징에 있는 부대의 군인을 순경 신분으로 전환해서 경찰의 힘을 강하게 만들었다. 순경부 아래에는 '순경총청'을 두어 공순총국이 하던 치안 관련 업무를 모두 물려받도록 했다.

신해혁명과 국공 내전

1911년 신해혁명으로 청나라 왕조는 무너지고 중화민국이 들어섰다. 중화민국 정부는 1913년 '경사경찰청'을 만들어 치안 유지에 힘썼다. 이 시기의 중국 경찰은 청나라 말기에 비해 크게 강화되었으며 체계적인 조직을 가지게 되었다. 당시 베이징을 방문한 외국인은 베이징이 아시아에서 가장 치안이 좋은 도시라고 이야기할 정도였다.

하지만 중국은 중화민국의 국민당 정부와 중국 공산당이 서로 싸우는 내전과 일본 제국주의의 침략 등 극심한 혼란기를 거친다. 중국 공산당은 1927년 공산당 지도자들의 신변 보호, 정보 수집, 비밀 연락을 위한 '중앙특과'라는 조직을 만들었는데, 이 중앙특과가 사회주의 경찰의 시초이다. 1931년에는 공식적인 경찰 조직으로 범죄 단속, 치안 유지, 공산당 반대 세력의 색출, 적의 정보 탐지를 위한 '정치보호국'을 만들었다.

중화인민공화국 설립 이후

1949년 중화인민공화국을 세운 중국 공산당은 1957년 '중화인민공화국 경찰 조례'라는 법을 만들어 경찰 기관의 성질, 임무, 직책, 권한 등을 정했다. 하지만 문화 혁명을 겪으며 경찰은 치안 유지와 공공의 안전을 지키는 일보다는 정치적 반대파를 조사하고 탄압하는 도구로 사용되었다. 1990년대에 들어와 개혁과 개방을 내세운 중국 정부는 다시 시대의 변화에 따라 경찰에 관한 법과 제도를 명확하게 정비했다.

중화인민공화국의 경찰 휘장

중국에서는 경찰을 공공의 안전이라는 뜻을 가진 '공안公安'으로 부른다. 최고 경찰 기관은 '공안부'이며 지방마다 공안국 또는 공안청이 있고 그 아래 공안처, 공안 분국, 공안 파출소가 있다. 공안부에서는 대학을 운영해서 경찰관 후보자를 교육하게 하고, 공안 학교를 두어 경찰관을 훈련시킨다. 중국에서는 공안이 강력한 권한을 행사한다.

우리나라 근대 경찰의 탄생

최초의 근대 경찰 '경무청'

1894년 조선은 일본의 위세에 힘입은 개화파가 정권을 장악하고 조선의 제도를 바꾸기 시작했다. 신분제가 폐지되었고, 과거 시험도 사라졌으며, 조선의 관직 체계와 지방 행정 제도도 변화했다. 경찰 제도도 새로워져 1894년 최고 경찰 기관이었던 좌, 우포도청을 하나로 합쳐 최초의 근대 경찰인 '경무청'을 만들었다.

경무청은 한성부 내 모든 경찰 일을 관장했으며 책임자로 경무사 아래 경무관, 서기관, 총순, 순검을 두었다. 한성 5부에는 지금의 경찰서 격인 '경무지서'를 만들어 일을 나누었으며 왕실 내에는 '궁내 경무서'를 설치해 왕실의 경비와 경호를 맡겼다. 경무청이 만들어지면서 '백성의 위험을 방지하고 평안한 생활을 영위케 하여 공공질서를 유지하는 것'이라는 근대 경찰의 목적을 뚜렷이 내세웠다.

1895년에는 전국을 한성부와 22개 관찰부로 나누고, 22개 관찰부 아래에 경무관, 경무관보, 총순과 지방 순검을 배치하였다. 근무 중 다치면 부상 정도에 따라 치료비를 주었으며, 순직하면 유족에게 위로금과 장례비를 지급하고, 일을 그만두면 근무 기간에 따라 퇴직금을 주는 등 복지 제도도 시행되었다.

국권 침탈과 경찰권의 상실

1897년 조선은 나라 이름을 '대한 제국'으로 바꾸고 고종이 스스로 초대 황제에 올라 자주성과 독립성을 갖추려 했다. 하지만 일본 제국은 우리 민족의 권한을 빼앗았다. 1904년 이후 일본은 정부 각 부처에 일본인 고문관*을 보내 실권을 빼앗았다. 경무청에도 일본인 고문이 들어가 모든 경찰 사무를 장악했다. 일제는 1905년 대한 제국의 외교권을 빼앗았으며 우리나라에 주

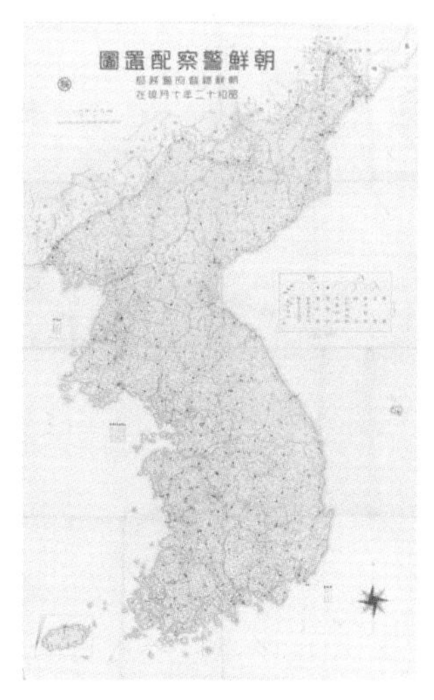

조선총독부 경무국에서 발행한 조선의 경찰 배치도(국립민속박물관)

* 물음에 응하여 의견을 말하는 직책을 맡은 사람

둔한 일본군 헌병을 경찰로 삼아 조선 백성을 탄압했다. 기존의 경무청을 일본식 경시청으로 변경하고 경찰 계급도 경시 총감-경시-경부-순사로 바꾸었다. 초대 경시 총감은 일본인이 맡았으며 대한 제국의 경찰은 일본인의 손에 떨어졌다. 1910년 우리나라는 일본의 식민지가 되어 나라를 빼앗겼고 우리나라의 경찰은 일본의 식민지 지배를 위한 도구가 되었다.

임시 정부의 경찰

우리나라는 1919년 4월 11일 중국 상하이에 임시 정부를 수립하고 독립을 위해 일본과 싸워나갔다. 임시 정부에는 '경무국'이라는 경찰 조직이 있었으며 훗날 임시 정부의 주석이 되는 독립운동가 김구(1876~1949)가 초대 경무국장이었다. 김구는 교민 사회의 질서 유지와 일본 제국주의의 간첩을 잡아내기 위한 '의경대'를 만들었고 수많은 젊은 청년들이 의경대에 들어가 독립운동에 몸을 바쳤다. 1932년에는 김구는 스스로 의경대장이 되어 독립을 쟁취하기 위해 일본 제국주의와 싸웠다.

초대 경무국장이자 의경대장이었던 김구 선생

대한민국의 수립과
우리나라 경찰의 발전

일제의 패망과 미 군정기의 경찰

1945년 일본은 패망했다. 일본이 항복한 후 한반도의 위도 38도선을 기준으로 남쪽에는 미국 군대가, 북쪽에는 소련 군대가 일본 군대의 무장 해제를 목적으로 들어온 다음 각각 정부의 역할을 하는 군정을 펼쳤다. 미국은 군정을 실시하면서 치안 업무를 담당하는 '경무국'을 만들고 조병옥(1894~1960)을 국장으로 임명했다.

1946년에는 경무국을 경무부로 승격하고 일본식 경찰 계급 제도와 이름을 우리 식으로 바꾸었으며 일제 강점기 순사가 입던 제복을 버리고 새로운 경찰복을 도입했다. 1946년 5월 15일에는 우리나라 최초로 여성 경찰관을 모집하고 '여성 경찰과'를 만들었다. 또한 철도에서 발생하는 범죄를 예방하는 '철도 경찰서'도 탄생했다. 1947년에는 서울에 여성 범죄와 여성 상업 고등학교 관련 사건을 담당하고, 여성 유치장을 관리하는 '서울여자경찰서'를 창설했다.

경찰관을 교육하는 기관도 정비되었다. 1946년 9월 '경찰관교습소'라는 이름으로 처음 문을 연 경찰 학교는 1946년 2월 '국립 경찰 학교'로 이름을 변경하고, 그해 8월 국립 경찰 전문학교로 승격되었다.

독립운동가 출신 여성 경찰 안맥결

경찰 재직 당시의 안맥결 총경(경찰청)

안맥결(1901~1976)은 독립운동가 안창호 선생의 조카로 1919년 3·1 만세운동에 학생 신분으로 참여하고 이후에도 여성 비밀 독립운동 단체에서 임시 정부의 군자금을 모으는 등 독립운동에 헌신하다가 서대문 형무소에서 옥고를 치렀다. '맥결'이란 이름은 안창호 선생이 직접 지어주었다고 한다. 안맥결은 여자 경찰 간부 1기로 경찰에 들어와 '해방된 나라의 파수꾼'이라는 신성한 임무를 수행했다. 1952년에는 서울 여자경찰서의 서장으로 부녀자, 노인, 소년을 보호했고, 1957년부터는 국립 경찰 전문학교의 교수로 후배 경찰들을 가르쳤다. 1961년 군사 정변이 일어나자 안맥결은 군사정부에 협력을 거부하고 경찰 생활을 마감했다. 세상을 떠난 지 42년 만에 안맥결은 국가 독립 유공자로 건국 포장에 추서*되었고, '2021년 경찰 영웅'으로 선정되었다.

* 죽은 뒤에 관직을 올리거나 훈장 등 상을 주는 것

여기서는 신임 경찰관과 경찰관을 대상으로 다양한 전문 교육 뿐 아니라 민간인을 대하는 방법, 인권 보호에 관한 사항 등을 가르쳤으며, 지방에도 경찰 학교가 생겼다.

● 한국 전쟁과 경찰

한국 전쟁 당시 전투에 참여한 경찰

1948년 대한민국 정부가 수립된 후 내무부* 아래 '치안국'이 만들어져 경찰 업무를 담당했다. 정부 수립 초기의 경찰은 치안 유지와 범죄 수사 외에도 정부에 반대하는 공산주의자를 색출하고, 전라도, 경상도, 강원도 산간 지역에서 공산주의자들이 주도한 유격대**와 치열한 전투를 벌였다. 1950년 한국 전쟁이 발발하자 경찰은 국군과 함께 전투에 참여했다. 3년간의 전쟁 동안 경찰은 여러 전투에서 공적을 세웠고 전체 경찰관의 1/3이 죽거나 다치는 희생을 치렀다.

한국전쟁 당시 전투에 참여한 경찰

* 지방 행정, 선거, 치안, 소방, 도로, 교량, 하천, 수도, 건축 등을 담당한 정부 부서, 우리나라에서는 1998년 내무부가 행정자치부로 개편되었다.

** '공비' 또는 '빨치산'이라고도 부른다.

1951년 부산항 철도경찰서 앞에 내걸린 유엔군 환영 현수막과 미 해병대 군인들(한국저작권위원회)

또한 전선이 어느 정도 안정된 후에는 후방 지역에 남아있는 북한군과 유격대에 맞서 치열한 전투를 벌였다. 전쟁 중에도 국립 경찰 전문학교는 대구로 이전해 경찰관들에게 긴급 군사 교육을 했고 전쟁 전 4만 8천여 명이었던 경찰은 전쟁 동안 6만 3천여 명까지 늘어났다.

참전 경찰 명단이 적혀있는 6·25 참전 용사 충훈비(왼쪽)와 6·25 전쟁 경찰 승전탑(오른쪽)(대한민국역사박물관)

군사 정부와 경찰

전쟁은 끝났지만, 모든 경제 기반이 파괴되어 국민의 삶은 매우 힘들었다. 게다가 정치인과 권력자의 부정부패로 사회는 혼란에 빠져들었다. 당시 이승만 정권은 경찰을 동원해서 정부에 반대하는 세력을 억누르고 시위하는 학생을 잡아들였다. 하지만 1960년 부정 선거에 항의하는 마산 시민들의 항쟁을 시작으로 전 국민이 힘을 합해 정권을 몰아냈다(4·19 혁명). 당시 시위를 막기 위해 동원된 경찰이 민간인에게 총을 쏴 186명이 죽고 6천여 명이 부상을 입었다. 사격 명령을 내린 경찰 책임자는 이후 재판에 넘겨져 처형되었지만, 국민의 생명을 보호해야 하는 경찰이 국민에게 총을 쏜 사건은 씻지 못할 부끄러운 역사로 남아있다. 4월 혁명 이후 들어선 정부도 그다음 해 5·16 군사 정변으로 무너졌고 이후 들어선 군사 정부에서 경찰은 민생을 위한 치안 업무 보다는 정권 유지를 위해 활용되었다.

경찰의 발전

혼란한 와중에도 경찰은 꾸준히 발전했다. 1964년에는 국제형사경찰기구, 일명 '인터폴Interpol'에 회원국으로 가입했다. 인터폴은 국제적인 범죄를 여러 나라가 협력해서 신속하게 해결하고 여러 국가의 경찰 발전을 위해 만들어진 국제기구다.

1968년에는 새로 건설된 고속도로를 경찰차로 순찰하며 각종 사고를 예방하고 처리하는 고속도로 순찰대가 창설되었고 1974년에는 치안국이 치안본부로 승격되었다. 1982년에는 4년제 국립 경찰대학이 창설되어, 군대의 사관 학교처럼 경찰 간부를 육성하기 시작했다.

경찰 조직의 새로운 변화

1980년대를 지나면서 정치권력의 영향에서 벗어난 중립적인 경찰을 만들자는 의견이 모였다. 이를 바탕으로 1991년에 경찰법을 개정해서 치안본부를 없애고 새롭게 경찰청을 만들었다. 특별시, 직할시(지금의 광역시), 각 도에는 지방 경찰청을 만들었다.

2003년에는 기존의 파출소를 3~5개씩 묶은 순찰 지구대를 만들어 순찰 기능을 강화했다. 2007년에는 지방 정부가 지역의 특징과 지역 주민들의 의견을 모아 자체적으로 지역 치안을 책임지는 '자치 경찰제'를 도입해 제주특별자치도에 자치 경찰단이 탄생했다. 또한 2017년에는 경찰개혁위원회가 만들어져 대한민국 경찰이 나가야 할 방향을 제시했다.

경찰관의 복지도 점점 좋아졌다. 아직 우리나라 경찰은 노동조합을 만들 수는 없지만 2019년에는 경감 계급 이하의 경찰관은 '공무원 직장 협의회'에 가입해서 근무 환경 개선, 경찰 권익 보호, 현장의 고충 처리 등에 관해 정부에 의견을 내고 해결 방안을 협의할 수 있게 되었다. 최근에는 대한민국 경찰의 범죄 수사를 총괄하는 '국가수사

본부'를 만들어 국가정보원이 가지고 있던 대공 수사*권을 가져오는 등 계속 발전하고 있다.

* 북한 간첩이나 협조자에 관한 수사

오늘날과 미래의 경찰

오늘날 경찰은 여러 분야에서 다양한 임무를 수행하고 있다. 또한 갈수록 치밀해지는 범죄에 발맞춰 과학적인 수사 방법이 발달했고 이와 관련된 경찰 직업이 생겨났다. 경찰은 기본적으로 시민을 보호하고 공공의 질서를 유지하는 일을 한다. 사회가 빠르게 변화하는 만큼 새로운 유형의 위험 또한 늘어나고 있다. 이에 발 빠르게 대처하고 시민과 소통하며 협력하는 능력이 더욱 중요해질 것이다.

오늘날의 경찰

경찰이 하는 일

경찰은 공공질서와 사회의 안녕을 유지하고, 국민을 안전하게 보호하며, 범죄를 예방, 수사하고, 범죄자를 체포한다. 복잡한 거리의 교통을 안내하고 교통 법규 위반을 단속하며, 치안을 위한 정보를 수

대한민국 경찰청(왼쪽)과 경찰청 상징(오른쪽)

경찰의 마스코트, 포돌이와 포순이

경찰의 친근한 모습을 상징하는 마스코트가 포돌이와 포순이다. '포'는 영어 폴리스의 'PO'이면서 동시에 조선 시대 포졸의 '포'를 의미한다. 또한 국민을 보호하고 감싸 안는다는 '포'용의 의미도 있다. 돌이와 순이는 우리 민족 고유의 쉽게 부르고 듣기 편한 이름이다.

포돌이와 포순이

집 및 안내하는 것도 경찰의 중요한 일이다. 경찰은 이처럼 다양한 임무를 수행하기 때문에 주로 하는 일에 따라 구분된다.

경찰의 종류

경찰은 크게 '사법 경찰'과 '행정 경찰'로 나뉜다. 사법 경찰은 범죄 현장에 출동해서 증거를 수집하고 범인을 수색해 체포하는 범죄 수사 활동을 주로 한다. 행정 경찰은 범죄 예방, 시설 경비, 요인* 보호, 교통 관리 등의 일을 한다. 즉, 행정 경찰은 행정부에서 하는 일을 담당하고 사법 경찰은 사법부에서 하는 일을 담당한다. 그렇다고 두 경

* 중요한 자리에 있는 높은 사람

찰이 완전히 구분되는 것은 아니다. 기본적으로 모든 경찰관은 범죄를 수사하고 범인을 체포할 수 있다.

경찰은 '국가 경찰'과 '자치 경찰'로도 나뉜다. 경찰 권력이 국가에게 있으면 국가 경찰, 지방 정부에게 있으면 자치 경찰이다. 예를 들어 미국의 경우 각 주나 시에서 운영하는 경찰이 자치 경찰이고, 연방 정부에 속한 FBI는 국가 경찰이다. 우리나라는 정부 수립 이후 국가 경찰 제도를 유지하고 있으며, 예외적으로 제주특별자치도에만 자치 경찰이 있다.

특수 경찰

특수한 곳에서 다른 경찰과는 다른 임무를 수행하는 경찰도 있다. 고궁, 유명 관광지 등에서 질서를 유지하기 위해 말을 타고 순찰하는 기마경찰이 있고, 산에서 발생하는 사고를 예방하고 위험에 빠진 등산객을 구조하는 산악 구조대, 헬리콥터를 타고 긴급 환자를 구조해서 빠르게 병원으로 이송하거나 혼잡한 고속도로의 교통 상황을 안내하는 경찰 항공대, 지하철에서 일어나는 범죄를 단속하고 질서를 유지하는 지하철 수사대가 있다. 또한 인질 구조, 테러 사건 대처, 폭발물 처리, 무장 강도 제압 등 위험하고 어려운 임무는 특수 훈련을 받은 경찰 특공대가 담당한다. 인터넷을 통한 불법 해킹, 온라인 사기 등 사이버 범죄를 단속하는 사이버 수사대도 있다.

외국 또는 외국인과 관련된 사건은 외사 요원이 맡아서 한다. 이들은 때로 범인을 체포하기 위해 다른 나라의 경찰과 협력하기도 한다. 외국에 있는 우리나라 공사관에 가서 우리나라 국민을 보호하고, 국제 범죄 정보를 수집하고, 해당 국가의 경찰과 협력하는 경찰 해외 주재관도 있다. 해양 경찰은 바다에서 발생하는 각종 사고를 비롯하여 총기나 마약 밀수 등 강력 범죄를 수사한다. 사고가 났을 경우 인명 구조를 하고 불법 고기잡이배를 단속하기도 하며 바다에서 우리나라의 주권을 수호한다.

경찰은 아니지만 수사하는 사람

경찰은 아니지만 국가 공무원으로 정해진 분야에서 불법 행위를 단속하고 수사하는 특별 사법 경찰관(줄여서 특사경)이 있다. 산림 보호, 식품이나 의약품 단속, 철도 안전, 문화재 보호 등의 분야에서는 일반 공무원들이 법의 허가를 받고 경찰 업무를 한다. 국회에서 국회의장의 지시에 따라 국회 안의 질서를 유지하는 국회 경위, 법관의 명령에 따라 법정의 돌발 사태를 막고, 재판 진행에 관한 일을 하는 법정 경위도 국가 공무원으로 정해진 임무를 수행한다. 하지만 국회 경위나 법정 경위는 범죄를 수사할 권한은 없기에 특별 사법 경찰관은 아니다.

그 외에도 공공기관, 의료기관, 큰 회사, 외국 기관 등에서는 민간

경찰의 계급

경찰도 군대처럼 계급이 나뉘어 있고 계급마다 하는 일이 다르다. 아래에서부터 순경-경장-경사 순의 계급이 있다. 무궁화 꽃봉오리로 계급을 표시하는데 2개는 순경, 3개는 경장, 4개는 경사이다. 이들은 일선 지구대나 경찰서에서 국민과 가장 밀접하게 접촉한다.

그 위로 중간 간부급인 경위-경감-경정-총경이 있다. 경위부터 태극무늬가 가운데 있는 무궁화로 계급을 표시한다. 경위는 무궁화 1개이고 총경이 되면 무궁화 4개이다. 경위는 보통 파출소장, 경감은 지구대장이나 반장, 경정은 과장, 총경은 경찰 서장이다.

고급 간부급 경찰은 경무관-치안감-치안정감-치안총감 순인데 계급 표시는 가운데 무궁화 주위에 다섯 개 무궁화가 둘러싼 모양이다. 치안감은 지방 경찰청장급으로 오각 무궁화 2개이며, 우리나라 경찰에서 가장 높은 경찰청장은 치안총감으로 오각 무궁화 4개이다.

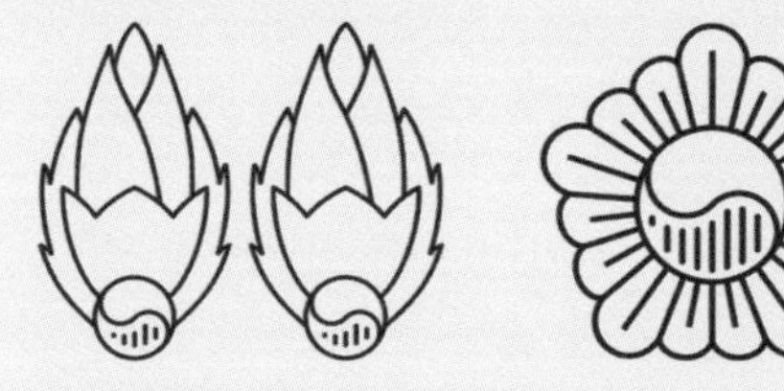

경찰 계급장. 순경의 무궁화 꽃봉오리(왼쪽), 경위의 태극 무궁화(가운데), 경무관의 오각 무궁화(오른쪽)

인을 고용해 청원 경찰로 삼고 경비와 보안 업무를 맡긴다. 이들은 '경찰'이라는 명칭을 쓰기는 하지만 고용한 사람의 목적과 이익을 위해 일한다는 점에서 경찰과는 다르다. 병역의 의무를 군대가 아닌 경찰로 복무하는 의무 경찰도 있다. 하지만 의무 경찰은 2022년부터 더 이상 뽑지 않는다.

청렴함이 최우선인 직업

경찰관에게 가장 필요한 덕목으로 우리나라뿐 아니라 외국에서도 첫손으로 꼽는 것은 청렴함이다. 청렴이란 성품과 행실이 높고 맑으며 탐욕이 없는 것을 의미한다. 국가를 대신해서 법을 집행하는 경찰은 개인에게 강제로 어떤 행동을 요구하거나 금지할 수 있으며, 경찰의 판단 하나가 한 사람의 삶에 큰 영향을 미칠 수 있다. 그래서 경찰은 자신의 이득이나 외부의 압력에 휘둘리지 않고, 모든 일을 법의 절차에 맞게 공정하게 처리해야 한다. 이런 모든 특성이 한마디로 '청렴함'이며 온 국민의 신뢰를 얻기 위해 모든 경찰이 반드시 갖추어야 하는 덕목이다.

시민과 협력하는 경찰

이제 경찰은 시민의 신뢰와 협력을 얻어야만 치안 유지 및 범죄 단속에 성공할 수 있다. 따라서 시민과 의사소통을 잘 할 수 있고 시민의 불편을 빠르게 해결할 수 있는 능력이 매우 중요하다. 한편으로 경찰은 위험을 무릅쓰는 직업이다. 때로는 자신의 희생을 각오하고 범죄나 사고 현장에 몸을 던져야 한다. 육체적, 정신적 위험을 감수해야 하는 상황에서 꼭 필요한 것은 국가와 시민에 대한 사명감과 충성심이다. 또한 비판적 사고가 필요하다. 잘못된 생각을 가진 윗사람의 명령에 무조건 복종하는 것이 아니라 스스로 가치를 판단할 수 있는 자질을 갖춰야 한다. 이와 더불어 신체적으로 강건하고 자기 전문 분야에 관한 지식을 가져야 한다.

봉사와 희생

2020년 기준 112를 통한 신고는 약 1천 8백만 건이 넘는다. 살인, 강도, 절도, 폭행, 사기 등 중요 범죄가 1,587,866건 발생했으며 그 중 1,289,129건을 해결하고 범인을 검거했다. 그 외에도 경찰은 가정 폭력, 학교 폭력, 성폭력, 실종 아동 찾기, 교통질서 유지 및 사고 단속 등에 헌신하고 있다. 이 과정에서 지난 2011년 이후 10년 동안 18,490명의 경찰관이 상처를 입거나 병을 얻었고, 286명이 아깝게 세상을 떠났다.

과학에 기반을 둔 경찰 관련 전문직

과학 수사의 등장

20세기 이후 사회가 복잡해지면서 흉악 범죄는 늘어나고 범죄자가 자기 죄를 숨기는 방법도 정교해졌다. 이에 따라 과학적으로 범죄를 수사해서 범인을 잡고, 정보를 분석해서 범죄를 예방하는 전문 직업이 발전했다. 이 직업에 종사하는 사람들은 생물학, 화학, 의학, 컴퓨터 과학 등을 기반으로 범죄의 증거를 찾고 범인을 추적하며 심리학이나 사회학, 인류학 지식을 기반으로 범인의 심리나 행동을 분석한다.

범죄 수사의 큰 그림을 그리는 사람, 프로파일러

'프로파일러Profiler'는 '범죄심리분석관'이라고도 부른다. 프로파일러는 범죄 현장을 자세히 살피고 사건의 정황과 남아있는 단서를 분석해 범인의 행동, 성격, 성별, 연령, 직업, 취향, 독특한 특징 등을 추론해서 어떻게 수사할지 방향을 알려준다. 범인이 어디로 도망갔는지, 어디에 숨어 있는지를 예측하고, 범인을 체포한 후에는 범행을 자백하도록 유도하고 범죄의 동기와 원인을 파악하고, 다른 죄를 더 짓지 않았는지를 탐색한다. 때로는 심리 검사로 범인의 마음을 분석하고, 행동 특징을 자세히 기록해 두었다가 비슷한 범죄를 수사할 때 참고한다. 우리나라에서는 2000년대에 들어 처음으로 프로파일러가 범죄 수사에 참여하기 시작했으며, 2005년부터 프로파일러를 공개 채용했다. 이후 프로파일러의 활약이 각종 미디어에 소개되면서 많은 사람의 관심을 끌었다.

프로파일러가 되는 길은 두 가지이다. 하나는 우선 경찰공무원이 되어 '수사과'에서 경력을 쌓은 다음 경찰청 소속 KCSI Korea Crime Scene Investigation에 지원하는 것이다. KCSI에서 일하면서 필요한 교육을 받으면 프로파일러가 될 수 있다. 경찰 특별 채용 시험을 통해 프로파일러에 도전할 수도 있다. 대학에서 심리학, 사회학, 범죄학, 통계학을 전공하고 석사 학위를 받거나, 학사 학위를 받고 관련 분야에서 2년 이상 일한 사람은 경찰 특별 채용 시험에 지원할 수 있다. 시험에 합격하면 일정한 교육을 받은 다음 프로파일러로 활동한다. 하지만 프로파일러는 매년 선발하지 않기 때문에, 언제 시험에 응시

CSI와 KCSI

CSI(Crime Scene Investigation)는 전문적인 수사 요원이 최첨단 과학 수사 장비를 이용해서 범죄의 진실을 밝히는 과학 수사대이다. 우리나라에는 경찰청 국가수사본부 아래 '과학수사관리관'이 책임지는 KCSI(www.kcsi.go.kr)가 있으며, 여기서 여러 전문 요원이 범죄 분석, 범죄 발생 예측, 지문 감식, 신원 확인, DNA 감식, 화재 감식, 수중 과학 수사, 3D 얼굴 인식, 목소리 분석, 동영상 분석, 몽타주 제작 등 다양한 과학 수사 업무를 담당한다. 그 외에도 새로운 과학 수사를 기획하고, 과학 수사 요원을 교육하고, 새로운 과학 수사 기법을 연구한다. 과학 수사 관련 국내, 국외 단체와 협력하는 것도 KCSI의 중요한 일이다.

할 수 있는지 잘 살펴야 한다.

검시 조사관

2005년부터 경찰에서는 뜻밖의 사고나 범죄로 목숨을 잃은(변사) 사람의 시신을 검사하는 일을 전담하는 '검시* 조사관'을 뽑고 있다. 변사 사건이 발생하면 검시 조사관은 현장을 조사하여 사망자의 신원을 확인하고, 사망 원인과 시간을 조사하며, 범죄와의 연관성과 부검 필요성 등을 판단한다. 간호학, 임상병리학, 생물학, 생화학, 수의

* 사람의 사망이 범죄로 인한 것인가를 판단하기 위하여 수사 기관이 변사체를 조사하는 일

학, 유전공학, 생명공학, 화학 등 하나를 전공하고, 임상병리사나 간호사 면허증을 받은 사람은 검시 조사관 공채 시험에 응시할 수 있다. 시험에 합격한 후에는 경찰수사연수원과 국립과학수사연구원에서 전문적인 교육을 받은 다음 시, 도 경찰청에서 실습 교육을 마치고 현장에 투입되어 검시 조사관으로 활동한다.

국립과학수사연구원 직원

'국립과학수사연구원(국과수)'은 1955년 '과학수사연구소'라는 이름으로 처음 설립된 국내 최고의 감정 연구기관이다. 국과수는 수사기관의 증거물 감정, 법원이 요청하는 감정, 과학 수사 기술 지원 등을 전문으로 하는 기관으로 경찰과는 별도의 조직이며 직접 수사는 하지 않는다. 국과수는 변사 사건이 발생하면 눈으로 시신을 살피는 검안과 사체를 해부하는 부검으로 죽음의 원인을 밝힌다. 또한 치아의 구조나 뼈를 감정해서 신원을 확인하며, 심리학적 원리를 적용한 범죄 정보 감정 및 범죄 예방에 관해 연구한다. 이외에도 DNA 감식을 통해 사건 해결의 단서

1955년 문을 연 국립과학수사연구원(국립과학수사연구원 제공)

제공하고, 독성 물질을 분석하고 감정한다. 각종 안전사고 예방에 관해 연구하며, 얼굴, 걸음걸이, 목소리, 필적, 기록물, 인쇄물, 문화재, 미술품, 컴퓨터 파일 등의 위조나 변조 여부를 감정하고, 교통사고의 원인을 분석하는 일도 한다.

국립과학수사연구원에서 일하려면 인사혁신처에서 실시하는 민간 경력 채용 시험을 치르거나 국과수에서 실시하는 경력 경쟁 채용 시험에 응시해야 한다. 의학, 생명과학, 방사선학, 심리학, 생물학, 약학, 화학, 물리학, 기계공학, 전자 공학 등의 전공이 국과수의 감정 업무와 관련이 있다. 기본적으로 대한민국 국적을 소지하고, 공무원이 될 자격이 있는 사람은 응시할 수 있지만 분야나 직위에 따라 응시 자격이 다르다. 예를 들어 검시 분야의 '의무전문관'은 의사면허를 소지해야 하고 의료 기술 분야의 '의료 기술 주사보'는 임상병리사 자격증 소지 및 5년 이상 경력이 있어야 한다. 화학 분야의 '화학 연구사'는 화학, 화학공학 등 분야 석사 학위 이상 소지자, 독성학 분야의 '보건 연구사'는 약사 면허 소지자가 응시할 수 있다. 대부분 분야에 전문적인 면허증이나 석사 학위 이상, 일

사건 현장에 남아있는 지문을 채취해서 데이터베이스와 대조해 신원을 확인한다.

정 기간 이상의 근무, 연구 경력 등이 필요하다. 전문가 자격으로 얻을 수 있는 다른 직업에 비해 근무가 힘들고 보수도 적기 때문에 국과수에서 일하려면 범죄 수사 및 감정 분야에 관한 호기심과 사명감이 있어야 한다.

미래의 경찰

30년 후의 경찰은 무슨 일을 하고 있을까?

2045년은 우리나라 근대 경찰이 탄생한 지 100년이 되는 해이다. 2016년 경찰청은 대학교 연구팀과 함께 「경찰 미래 비전 2045」를 발표해서 30년 뒤 우리 경찰이 어떤 모습을 하고 있을지를 그려보았다. 이 연구에서는 앞으로 세계 인구는 증가하나 선진국은 저출생, 고령화에 시달릴 것이고 전 세계적인 기후 변화, 환경 오염, 생태계 문제가 심각해지고, 에너지 자원 부족으로 갈등이 심해질 것이라 예측했다. 또한 사람들은 도시에 모여 살면서 다양한 기술을 활용해서 지식과 정보를 얻을 것이다. 일상생활에도 인공 지능, 로봇, 바이오, 나노 등 첨단 기술이 파고들 것이고, 정치, 경제, 사회, 교육, 문화의 중심은 모바일 기기를 활용한 온라인, 사이버 공간으로 이동할 것이다. 이런 예측을 바탕으로 미래의 경찰은 과학 기술을 적극적으로 활용하는 '과학 경찰', 대형 범죄와 지능 범죄에 대응하는 '정예 경찰', 치안 서비스를 제공할 때 시민의 참여가 더욱 중요해지는 '시민 경찰'이 될 것이다.

과학 경찰

과학 경찰은 첨단 과학 기술을 활용해서 점점 흉포해지는 범죄와 새로이 등장하는 인터넷과 사이버 공간에서의 범죄에 대응한다. 엄청나게 많은 데이터와 인공 지능 기술을 활용하여 어느 지역에서 범죄가 발생할 가능성이 큰지를 예측하고, 위험한 지역에는 미리 CCTV를 설치하고 경찰관을 배치해서 범죄를 예방할 수 있다. 무인 항공기(드론)와 스마트 CCTV를 이용하면 수상한 행동을 하는 사람이나 범법 행위를 자동으로 알아내 대응할 수 있다. 경찰관의 몸에 작은 카메라를 달아 실시간으로 사건을 경찰 본부에 전달하기도 하고,

범죄 예방에 활용되는 무인 항공기(드론)와 CCTV

경찰관이 착용한 스마트 시계나 안경으로 필요한 정보를 바로 전달받을 수 있다. 또한 총으로 무장한 범인을 체포하거나, 테러범이 설치한 폭발물을 제거하는 위험한 임무를 인공지능이 장착된 로봇이 대신할 날도 올 것이다.

정예 경찰

지능화되고 예측하기 힘든 미래의 범죄에 대응하기 위해서 분야별로 전문 역량을 갖춘 정예 경찰이 필요하다. 정예 경찰을 만들기 위해 가장 중요한 것은 창의적이고 뛰어난 인재를 확보하고 역량을 충분히 키울 수 있도록 교육하는 것이다. 이를 위해서는 보다 많은 세금을 경찰 업무에 써야 한다. 이것은 한두 사람의 결정으로 가능하지 않으며 전 국민이 뜻을 모아야 한다. 만일 합의가 이루어진다면 미래의 경찰은 지금보다 더 좋은 환경에서 자신의 역량을 마음껏 발휘할 수 있을 것이다.

시민 경찰

시민 경찰이란 시민이 단순히 경찰 활동을 돕는 것을 넘어 치안의 주인공으로서 경찰과 함께 가치를 만들어 내고 사회의 안전을 이루는 것을 뜻한다. 이를 실현하기 위해서 시민이 직접 치안 문제를 해결할 수 있도록 자치 역량을 키우고, 사회적 약자인 여성, 아동, 노인, 장

애인, 범죄 피해자 등을 우선 배려하는 경찰의 역할을 강화해야 한다. 경찰에 관한 정보를 일방적으로 전달하는 것이 아니라 국민과 함께 대화하면서 경찰에 대한 시민의 신뢰도를 높이는 것도 중요하다.

공공의 질서를 유지하고 개인을 보호하는 경찰

앞으로 2026년까지 경찰관은 매년 1~2% 정도 증가할 것으로 예측한다. 특히 사이버 범죄가 많이 늘어나 이를 예방하고 단속할 수 있는 전문 역량을 갖춘 사람이 필요해질 것이다. 휴대폰과 컴퓨터, 인터넷 등 디지털 증거 분석 전문가와 외국인 범죄, 외국에서 일어나는 테러나 사고로 인한 피해에 대응하는 외사 전문가의 수요도 늘어나고 있다. 또한 북한 이탈 주민 보호, 사회적 약자 및 피해자 보호 업무에도 더 많은 경찰관이 필요해질 것이다.

·부록·

어떻게 경찰이 될 수 있나요?

경찰 공무원 공개경쟁 채용 시험

경찰관이 되는 방법은 몇 가지가 있다. 가장 대표적인 것은 '경찰 공무원 공개경쟁 채용'으로 18세 이상 40세 이하의 대한민국 국민이라면 학력과 관계없이 공무원이 될 수 있는 사람은 누구나 도전할 수 있다. 단 경찰관은 바로 순찰차를 몰아야 해서 반드시 운전면허 1종 보통 또는 대형 자격을 따야 응모할 수 있다. 먼저 필기시험을 치른 후 신체 및 체력 검사, 적성 검사, 면접을 거쳐 최종 합격자를 정한다. 합격자는 경찰청 소속 교육 기관인 중앙경찰학교에 들어가 34주간 교육받는다. 신임 경찰관들이 교육을 마치고 바로 파출소에서 경찰 업무를 시작할 수 있도록 철저한 실무 교육과 현장 실습을 한다.

경찰 간부로 일을 시작하기

순경이 아닌 중간 간부인 경위로 경찰에 들어가는 방법도 있다. 21세~40세 사이의 대한민국 국민은 '경찰 간부 후보생 공개경쟁'에 응시할 수 있는데, 나이를 제외한 다른 응시 자격은 경찰 공무원 공개채용 시험과 같다. 2차례 필기시험을 거치고 신체 및 체력 검사, 적성검사, 면접을 거쳐 최종 합격자를 정한다. 박사나 석사 학위, 기술사나 기사 자격, 무술 유단자, 교사, 의사, 변호사, 회계사 등 특별한 자격을 가지고 있거나 한국어나 영어 능력 시험 점수가 일정 수준 이상이면 추가 점수를 받는다.

경찰 간부 후보 공개경쟁 시험에 합격한 사람은 경찰대학에서 52주간 교육받는데, 교육 기간에는 매달 수당을 받고 교육에 필요한 물품도 국가가 제공한다. 교육을 마친 후에는 경위 계급으로 경찰 업무를 시작해서 2년 6개월 동안 파출소나 경찰서 수사 부서에서 근무해야 한다.

경찰대학은 고등학교 졸업자, 또는 동등한 학력을 인정받은 사람을 대상으로 매년 신입생을 모집한다. 학교 자체에서 시행하는 시험과 생활기록부, 수학능력 시험 점수를 종합해서 합격자를 선정하며, 합격자가 4년간 학사 학위 과정을 졸업하면 졸업과 동시에 경위가 된다. 간부 후보생과 마찬가지로 학교에 다니는 동안에 일정한 수당과 필요 물품을 받는다.

경력자 채용

특수한 기술이나 전문적인 지식을 가진 사람은 경찰이 되어 자기 전문 분야에서 일할 수 있다. 경력 경쟁 채용은 그해에 필요한 사람을 뽑기 때문에 어느 분야에 몇 명을 뽑는지가 일정하지 않고 매년 변한다. 또한 순경으로 뽑는 분야도 있고 경장이나 경위로 뽑는 분야도 있다. 2022년에는 항공 조정, 피해자 심리, 교향악단, 경찰 특공대, 외국어, 사이버 보안과 수사, 무도나 사격 특기 등의 경력을 가진 사람을 뽑았다. 또한 대학교에 있는 경찰행정학과 졸업생을 경력자로 채용하기도 한다.

경찰관과 승진

경찰대학 졸업생과 간부 후보생, 또는 경찰 경력이 있는 사람을 제외한 경정 계급 이하의 경찰관은 처음 경찰이 된 후 1년간을 '시보'로 생활한다. 시보란 공직에 정식으로 임명되기 전에 실제로 그 일을 하면서 익히는 사람인데 선배 경찰관을 도우면서 현장 지식을 습득한다. 시보도 경찰 공무원이기 때문에 제복과 계급장을 달고 경찰의 권리와 의무를 갖는다. 하지만 이 기간에 근무 성적이나 교육 훈련 성적이 불량하면 내보낼 수 있다. 시보 기간을 무사히 마치면 법에 따라 신분이 보장되는 대한민국 경찰이 된다.

경찰관은 현재의 계급으로 정해진 기간 이상 근무하면 다음 계급으로 승진할 수 있다. 승진 심사 위원회는 경찰관의 근무 경력, 근무 성적, 직무 능력 등을 평가해 다음 계급으로 올릴 사람을 선정한다. 일정 비율은 승진 시험을 치러 높은 점수를 받은 사람 순으로 승진하는데, 이때도 근무 성적과 교육 훈련 성적을 함께 평가하기 때문에 자기 일을 소홀히 하고 공부만 해서는 승진할 수 없다. 또한 중요한 범죄를 해결하는 등 공을 세운 사람은 특별히 계급을 높여주기도 한다.

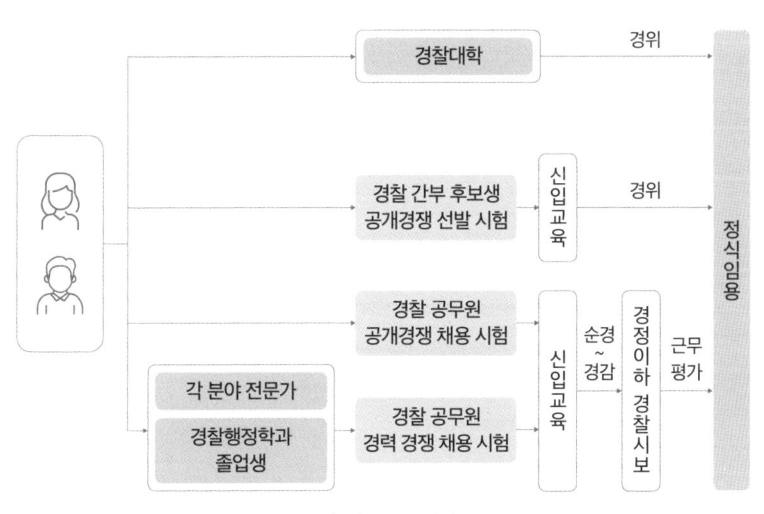

경찰관이 되는 방법

우리나라 경찰의 현황

경찰 관서 및 경찰관

2020년 기준으로 우리나라에는 경찰청 1개, 지방 경찰청 18개, 경찰서 257개, 지구대 595개, 파출소 1,438개가 있다. 전부 126,227명의 경찰관이 근무하고 있는데 경찰관 1명당 국민 402명을 지키는 셈이다. 계급별로는 순경~경사가 97,556명으로 전체의 77.3%를 차지하며, 경위~총경의 중간 간부급이 28,572명으로 22.6%, 경무관 이상의 고위 간부는 99명으로 0.1%도 채 안 된다.

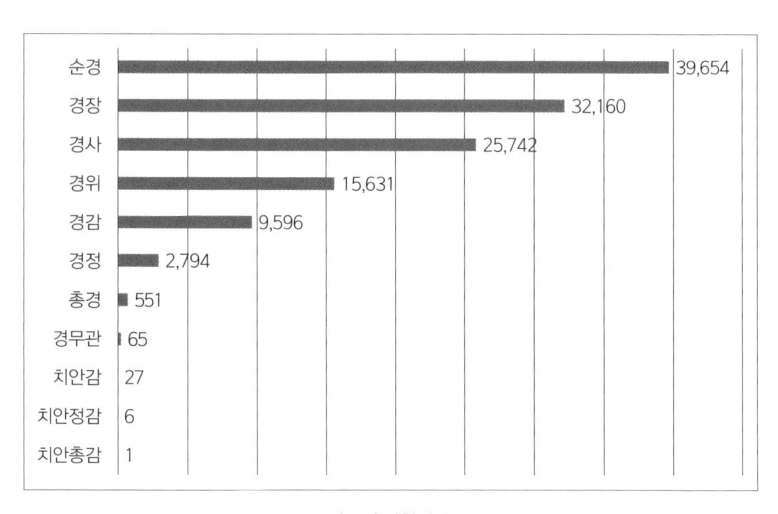

계급별 경찰관 수

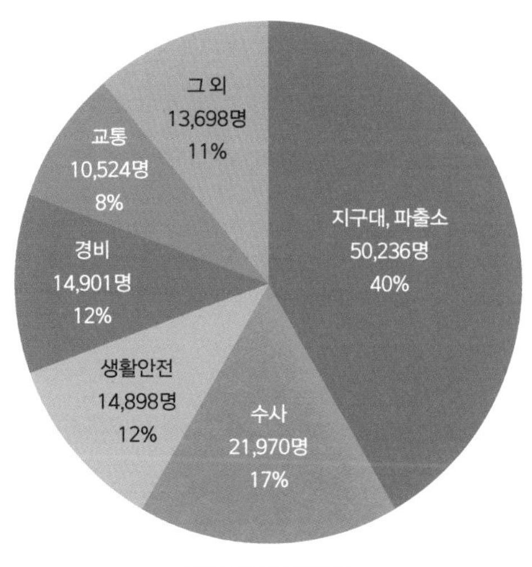

전문 영역별 경찰관

전문 영역별 경찰관

경찰관은 저마다 맡은 임무가 다르다. 주로 하는 일에 따라 구분해 보면 지구대나 파출소에서 일하면서 매일 지역 주민을 돌보는 경찰관이 50,236명으로 가장 많고, 그다음 범죄를 수사하고 범인을 잡는 경찰관이 21,970명이다. 기초 질서 위반을 단속하고 지역 경찰 업무를 계획하고 관리하는 생활 안전 분야에 14,898명, 주요 시설을 경비하고 경호하는 경찰관이 14,901명, 교통안전을 지도하고 단속하는 경찰관이 10,524명 있다. 그 외에도 경찰관은 각 기관의 운영을 담당하는 경무, 정보와 보안, 외사, 감사, 홍보 등 여러 분야에서 일하고 있다.

경찰관의 처우

경찰관은 국가 공무원으로서 매년 정해지는 공무원 보수 규정에 따라 봉급을 받는다. 상황에 따라서는 근무 시간도 불규칙하고, 사고의 위험을 무릅쓰고 힘들게 일하는 데 비해 보수가 많지는 않지만, 다양한 복지 혜택이 있다. 경찰관들이 회원으로 가입해 있는 경찰공제회에서는 결혼, 출산, 치료 등에 필요한 비용을 지원해 주며, 경찰 병원에서 무료로 치료받을 수 있다. 주거 안정을 위해 집을 사거나 빌릴 때도 혜택을 주며, 경찰관 본인이 공부를 더 하려고 하면 학비를 지원해준다. 유명한 휴양지에 만들어진 경찰 수련원에서 무료 또는 저렴한 비용으로 휴가를 즐길 수도 있다.

· 더 알아보기 ·

탐정의 탄생부터 현재까지

민간에서 수사하는 사람, 탐정

사회가 발전하고 복잡해지면서 범죄 역시 다양한 방법으로 많이 일어났다. 또한 사람들의 인권 의식이 높아지면서 더욱 적극적으로 권리를 요구하기 시작했다. 그 결과 경찰이 미처 살피지 못하는 부분이 생기게 되었다. 이 부족한 부분을 대신하기 위해 활동하는 직업이 사립 탐정이라고도 하는 민간 조사원이다.

탐정은 '민간인의 신분으로 타인의 의뢰를 받아 범죄나 부정행위와 관련된 사실을 확인하고 정보를 탐지하는 일을 하며, 그 결과를 알려주고 대가를 받는 사람'이다. 탐정은 개인이 당한 사고나 범죄 피해 사실을 조사하고, 실종된 사람을 찾고, 재판을 위한 증거를 탐색하고, 때로는 재산을 추적하기도 한다. 어떤 일을 하더라도 법을 어겨서는 안 되고, 만일 조사 과정에서 범죄 사실을 발견하면 반드시 경찰 등 국가 기관에 알려야 한다.

탐정의 역사

'탐정'이라는 직업은 19세기에야 탄생했다. 하지만 오랜 옛날부터 이해할 수 없는 사건 뒤에 숨어있는 진실을 찾아내는 이들이 있었고, 사람들은 그들이 활약하는 이야기를 즐겼다.

구약 성경 중 하나인 다니엘서 외경*에는 예언자 다니엘이 사제들의 거짓말을 간파한 이야기가 나온다. 기원전 6세기경 페르시아의 키루스왕은 '벨'이라는 신을 섬겼다. 벨의 사제들은 벨이 밤마다 깨어나 엄청난 양의 음식을 먹는다며 매일 맛있는 요리를 바치게 했다. 그러나 다니엘은 이를 거짓이라 주장했고, 이를 증명하기 위해 밤이 되기 전 신전 바닥에 몰래 재를 뿌려 두었다. 다음날 아침 뿌려둔 재 위에 남아있는 발자국을 살펴본 다니엘은 신전 뒤 감추어진 방에서 사제와 그 가족들이 제물로 바쳐진 음식을 몰래 먹는다는 사실을 밝혀냈다. 화가 난 키루스왕은 즉시 벨 신전을 파괴하고 사제들을 처형했다고 한다. 다니엘은 뛰어난 수사 기법으로 사실을 밝혀낸

벨의 사제들이 자신들의 거짓말이 밝혀지자 예언자 다니엘을 사자굴에 던졌으나 살아남았다는 내용을 그린 삽화

* 공식적으로 인정받은 성경이 아닌 기독교를 전하는 책

훌륭한 탐정이었다고 볼 수 있다.

19세기에는 산업화가 급속히 진행되면서 공장이 모여 있는 큰 도시가 발전했다. 사람들은 새로운 일거리를 찾아 도시로 몰려들었고, 그만큼 갈등과 범죄가 늘어났다. 돈이 있는 사람은 억울한 누명을 벗거나, 자신에게 피해를 입힌 범인을 찾기 위해서 능력이 있는 민간인을 고용해서 사실을 조사하고 증거를 찾기 시작했다. 이렇듯 경찰만으로는 충분히 사회의 안정을 지키기 어려웠고, 범죄 정보 조사에 대한 필요가 늘어나며 탐정이 등장했다.

탐정이 된 범죄자

프랑스에는 외젠 프랑수아 비도크(1775~1857)라는 독특한 인물이 있었다. 비도크는 어려서부터 도둑질을 일삼던 범죄자로 여러 차례 감옥을 들락거렸고 탈옥도 서슴지 않았다. 34세에 경찰에 또다시 체포된 비도크는 경찰에게 범죄에 관한 정보를 알려주겠다고 제안한다. 그는 감옥 안에서 만난 범죄자들이 계획하는 새로운 범죄와 몰래 숨어있는 범인에 관한 정보 등을 경찰에게 넘겼다.

프랑수아 비도크

비도크는 감옥에서 나온 후에도 프

랑스 경찰의 비밀 스파이 역할을 했는데, 범죄자들은 비도크를 자신들과 같은 편으로 굳게 믿었기 때문에 정보를 쉽게 빼낼 수 있었다. 그는 1811년 '비밀 여단Secret Brigade'이라는 경찰의 비밀 첩보대를 만들어 대장으로 활약했다. 범죄자 출신으로 범죄자의 심리와 행태를 잘 알고 있었던 비도크는 뛰어난 추리 능력을 발휘해서 범죄율을 낮추는 공헌을 했는데, 2만여 명에 달하는 범죄자를 체포했고 범죄와 관련한 모든 기록을 꼼꼼하게 남겼다.

1832년 경찰을 그만둔 비도크는 개인 정보 회사를 차리고 직원으로는 전과자를 채용했다. 이 회사는 성황을 누려 고객이 3천여 명에 이르렀다고 한다. 경찰을 떠난 비도크가 범죄와 관련한 정보 수집을 계속하자 이를 못마땅하게 생각한 경찰 당국은 사기와 뇌물 수수 등 죄를 저질렀다는 이유로 비도크를 잡아가기도 했지만 비도크의 탐정 사업은 계속되었다.

소설과 같은 파란만장한 삶을 살았던 비도크는 정말 소설 속 등장 인물의 모델이 되기도 했다. 프랑스의 소설가 빅토르 위고는 비도크가 범죄자였을 때를 모델로 『레 미제라블』의 주인공인 장 발장을 만들어 냈고, 후에 경찰과 탐정이 된 비도크의 모습은 장 발장을 추적하는 형사 자베르에게 담았다고 한다.

영국의 탐정

폴 폴라키

보우 스트리트 러너 출신의 뛰어난 형사 찰스 필드(1805~1874)는 1852년 경찰에서 은퇴한 후 탐정 사무소를 차렸다. 필드 아래서 일을 배운 헝가리 출신 폴 폴라키(1828~1918)는 1862년 독립해서 자기 사무실을 차려 당시 영국에서 가장 유명한 탐정으로 이름을 떨쳤고 각종 연극이나 소설의 주인공으로 등장했다. 영국에서 탐정은 경찰의 공백을 메우는 동반자의 역할로 번성했다. 탐정은 대부분 전직 경찰이나 군인 출신이었지만 특별히 필요한 자격이나 제한은 없었기에 누구나 탐정이 될 수 있었다.

기업이 된 핑커톤 탐정 사무소

시카고 경찰 출신 앨런 핑커톤(1819~1884)은 1850년 탐정 사무소를 설립했다. 이 회사는 범죄 사건 수사뿐 아니라 광산이나 철도와 같은 중요한 시설을 경비하고 중요한 인물을 경호하는 일도 함께했다. 링컨 대통령 암살 음모를 미리 막아내기도 해서 남북 전쟁 시기 동안 링컨 대통령은 자신의 경호를 항상 핑커톤 탐정 사무소에 맡겼다. 미

남북 전쟁 당시 핑커톤(왼쪽)과 링컨 대통령(가운데)

국은 땅이 넓고, 주마다 경찰이 따로 있어서 만일 범인이 다른 주로 넘어가면 잡기 힘들었다. 하지만 민간인이었던 핑커톤 탐정들은 이런 제한이 없었기에 주 경계를 넘어 범죄자를 추적해서 이름을 날렸다.

1890년대 초에는 미국 군인 수보다 핑커톤 탐정 수가 많을 정도로 전성기를 누렸다. 또한 이들은 경비 업무 외에도 노동자의 파업을 폭력을 사용해서 강제로 진압하고, 노동조합에 가입한 사람을 쫓아내는 등 악명을 떨치기도 했다. 핑커톤 사무소는 오늘날까지 이어져 현재도 탐정 또는 경비 업무를 하고 있다.

동아시아의 탐정

동아시아에서는 범죄를 처벌하는 것은 국가의 일이라고 생각했다. 따라서 민간인의 범죄 수사는 자칫하면 국가의 권위에 도전하는 일로 여겨졌기 때문에 민간인 탐정은 찾아보기 힘들다. 그러나 범죄를 수사하는 이야기는 동아시아에서도 인기가 많았다. 우리나라에서는 암행어사나 지방에 수령으로 임명된 사또가 억울한 누명이나 죽음의

한을 풀어주는 이야기가 많이 전해진다. 중국에서도 '적인걸'이라는 당나라 관원이 여러 사건에 얽힌 진실을 밝히는 이야기가 유명하다. 하지만 이 이야기들의 주인공들은 전부 국가에 소속된 관리로 나라의 명을 받았다는 점이 탐정과 다르다.

암행어사의 대명사로 알려진 박문수, 하지만 암행어사로 임명된 기록은 없다고 한다.

동아시아에서는 19세기 말 서양 문화가 들어오기 시작하면서 탐정 일을 하는 사람들이 생겨났고, 20세기에 본격적인 탐정이 생겨났다.

20세기 세계 각국의 탐정

미국은 탐정이 법률 지식을 제공하는 변호사와 짝을 이뤄 활동하여 재판에서 빼놓을 수 없는 중요한 존재가 되었다. 미국의 탐정은 의사, 변호사, 회계사처럼 전문적인 자격을 갖추고 정부로부터 면허를 받아야 활동할 수 있다. 자격 요건이 까다롭기 때문에 전직 경찰이나 수사기관 출신이 많다.

영국에서는 현재 1만여 명의 탐정이 활약하고 있다. 하지만 20세기까지 탐정의 자격이나 활동에 관해 특별히 법으로 정해두지 않았기 때문에 얼마나 많은 탐정이 어떤 활동을 하는지 정확히 알기는 어려

소설 속의 유명한 탐정, 홈즈와 말로

베이커가 221번지 하숙집. 매부리코에 날카로운 얼굴, 열정적이고 신속한 조사, 날카로운 말솜씨, 장미 나무 파이프 담배와 바이올린 연주, 뛰어난 권투와 펜싱 솜씨, 안개 낀 거리를 달리는 마차……

영국의 소설가 코난 도일(1850~1930)은 1887년 '셜록 홈즈'가 주인공으로 등장하는 탐정 소설 『주홍색 연구』를 썼고, 그 후 40년 동안 9권을 더 발표했다. 이 시리즈는 영국뿐 아니라 전 세계에서 인기를 끌었으며 셜록 홈즈는 탐정의 대명사가 되었다.

중절모와 트렌치 코트, 큰 키에 당당한 체격, 술과 담배, 그리고 권총, 비가 내리는 할리우드 거리……

영국에 홈즈가 있었다면 미국에는 '필립 말로'가 있다. 필립 말로는 미국의 소설가 레이먼드 챈들러(1888~1959)가 만들어 낸 인물로, 현실의 냉혹함과 비정함, 폭력적인 사건을 감정을 담지 않고 돌아보는 '하드 보일드' 스타일을 대표하는 탐정이다. 필립 말로가 주인공으로 등장하는 탐정 소설은 1939년 처음 출간되어 큰 사랑을 받았고, 수많은 영화와 드라마로 제작되었다.

영화에 등장한 셜록 홈즈(왼쪽)와 필립 말로(오른쪽)

웠다. 2001년에는 법을 만들어 탐정이 되기 위한 자격 조건, 탐정의 일을 정해두고 관리하고 있다. 2006년부터는 탐정업에 관한 국가직업자격NVQ 3단계를 취득한 사람만 탐정 일을 할 수 있다.

일본에서는 메이지 유신 이후 근대화와 더불어 경제가 성장하고 주식, 증권 거래가 활발해지자 회사의 신용이나 재정 상태를 조사해서 알려주는 흥신소와 탐정 사무소가 많이 생겼다. 흥신소는 주로 회사의 재무 상태를 조사하는 일을 했지만, 의뢰에 따라 사람을 찾거나 비밀을 캐내는 일도 해서 탐정 사무소와 큰 차이가 없었다. 일본에서는 얼마 전까지 탐정이 되는 데 아무런 제한이 없어 누구나 마음만 먹으면 될 수 있었고, 학생이나 가정주부가 방과 후나 주말에 부업 삼아 탐정으로 일하기도 했다. 하지만 탐정의 숫자가 무분별하게 늘어나고 여러 불법적인 일에 관여하여 사회적인 문제를 일으키기도 해서 2006년부터는 탐정업에 관한 법을 만들어 국가가 관리하기 시작했다.

우리나라의 탐정

우리나라에서도 해방 이후 흥신소가 생겨나 경찰에서 이들의 활동을 감독했다. 하지만 불량배를 고용해서 타인을 협박하거나 폭력을 행사하는 등 불법적인 방법으로 피해를 주는 일이 자주 발생해 사람들에게 나쁜 인상을 심어 주었다. 1970년대 이후에는 필요한 서류를 관공서에서 떼어오거나 물건을 전달하는 등의 심부름을 대신하는 심부름센터가 생겼다. 하지만 심부름센터 일을 하는 사람들도 특별한 자격을 갖춘 것이 아니었고 법을 어기는 일이 많았다.

이런 문제를 해결하기 위해 1995년에는 법으로 경제적인 정보 외에 타인의 사생활을 알아보는 것을 금지하고 이를 어기면 처벌했다. 이 법으로 인해 미아, 가출인, 실종자, 사기꾼 등 사람 찾기를 직업으로 삼지 못했고 탐정이나 그 비슷한 명칭 사용도 금지되었다. 2020년 다시 법이 바뀌며 이제는 '탐정'이라는 이름을 사용할 수 있으며, 실종자나 가출 청소년을 찾는 일도 가능하다.

탐정의 종류

미국과 유럽의 탐정이 하는 일에 따라 탐정의 종류를 나눠볼 수 있다. 먼저 재판과 관련한 증거를 수집하고, 증인을 조사하며, 때로는 재판정에서 증언도 하는 '법률 탐정'이 있다. 미국에서는 법률 탐정이 변호사와 파트너를 이루거나 변호사 사무실의 직원이 되어 증거를 수집하고 재판을 준비하는 경우가 많다.

기업에서 일어난 사건과 사고, 불법 행위에 대한 조사 및 증거 수집을 주로 하는 '기업 탐정'도 있다. 수많은 기업에서 행하는 불법적인 일을 국가 기관이 모두 감시하고 수사하기 어려워서 외국에는 많은 기업 탐정이 활동한다.

'재정 탐정'은 돈을 관리하는 전문 탐정으로, 개인이나 기업의 재정 관련 정보를 수집하고 사기를 당한 피해자의 피해 보상을 위한 일 등을 한다. '보험 탐정'은 보험과 관련된 사기, 사고나 손해를 당했을 때 현실적으로 보상을 받도록 하는 일을 주로 한다. 백화점이나 대형 마트, 지하상가 등에 근무하면서 소매치기, 절도범 등을 예방하고 잡아서 경찰에 넘겨주는 '경비 탐정'도 있다.

정보 통신 기술이 발달하면서 컴퓨터와 인터넷을 이용한 범죄가 크게 늘었다. 인터넷에서 자료와 증거를 수집하고, 컴퓨터의 데이터 복구와 분석, 인터넷 추적, 컴퓨터에 대한 해킹 감시 등을 담당하는 '사이버 탐정'도 있는데, 사이버 범죄의 증가 추세에 비해 인력은 매우 부족하다.

대부분 선진 국가에서는 탐정 제도를 국가에서 인정하고 관리하고 있다. 미국은 약 3만 4천 명, 일본은 약 6만 명의 탐정이 활동하고 있으며 독일, 영국, 프랑스 같은 유럽 국가에도 1~2만 명의 탐정이 있다. 미국 노동부에서는 2030년까지 탐정 숫자가 13% 늘어나 다른 직업에 비해 빠르게 성장하리라 예측한다.

우리나라 탐정의 현황

우리나라에는 아직 국가에서 인정하는 '공인 탐정'은 없다. 과거에는 탐정이라는 이름도 사용할 수 없어 '민간 조사자'라 불렸지만 2020

년부터는 직업과 사무소 이름에 '탐정'을 사용할 수 있게 되었다. 또한 2018년 정부가 공인 탐정을 미래 유망 분야의 새로운 직업으로 선정했으며, 국회에서도 '공인 탐정에 관한 법'을 준비하고 있어서 우리나라에도 머지않아 공인 탐정이 등장할 것이라 예상한다.

탐정에게 필요한 역량

탐정이 되려면 호기심과 집중력이 필요하다. 겉으로 드러난 사건 뒤에 무엇이 숨어있는지 끊임없이 궁금해 하고, 끈기를 가지고 해답을 찾을 수 있어야 한다. 또한 동시에 섬세한 관찰력으로 냉정하고 객관적으로 사물을 볼 수 있어야 한다. 정보를 얻기 위해 사람들과 스스럼없이 대화하기 위해서는 쾌활하고 사교적인 성격이 유리하다. 전문 지식과 기본 체력이 필요한 것은 물론이다. 그리고 탐정은 타인의 정보를 다루기 때문에 무엇보다 직업인으로서의 윤리가 특히 중요하다.

탐정 자격을 얻기

현재 탐정 자격은 교사, 의사, 변호사처럼 국가에서 인정하는 것이 아니라 민간 단체에서 발급하는 자격이다. 주로 경찰 출신들이 모여서 만든 단체에서 자신들이 정한 기준에 따라 필기시험, 실기 시험 등을 실시하고 합격한 사람에게는 자격증을 준다. 하지만 이 자격증을 얻는다고 해서 특별한 권한이 생기는 것은 아니고 탐정에 관한 기본적인 지식을 습득했다는 것을 의미하는 정도이기 때문에 현재로는 탐정 일을 하는 데 꼭 필요하지 않다. 이런 민간 자격증을 주는 단체는 10여 군데가 넘기 때문에 어느 곳이 좋은지는 각자 비교해 보아야 한다. 2019년까지 민간 단체에서 주는 자격을 얻은 사람은 약 4천여 명이고, 90%가 남성으로 전직 경찰 출신이 가장 많다.

2부

화재를 진압하고 사람을 구조하는 사람, 소방관

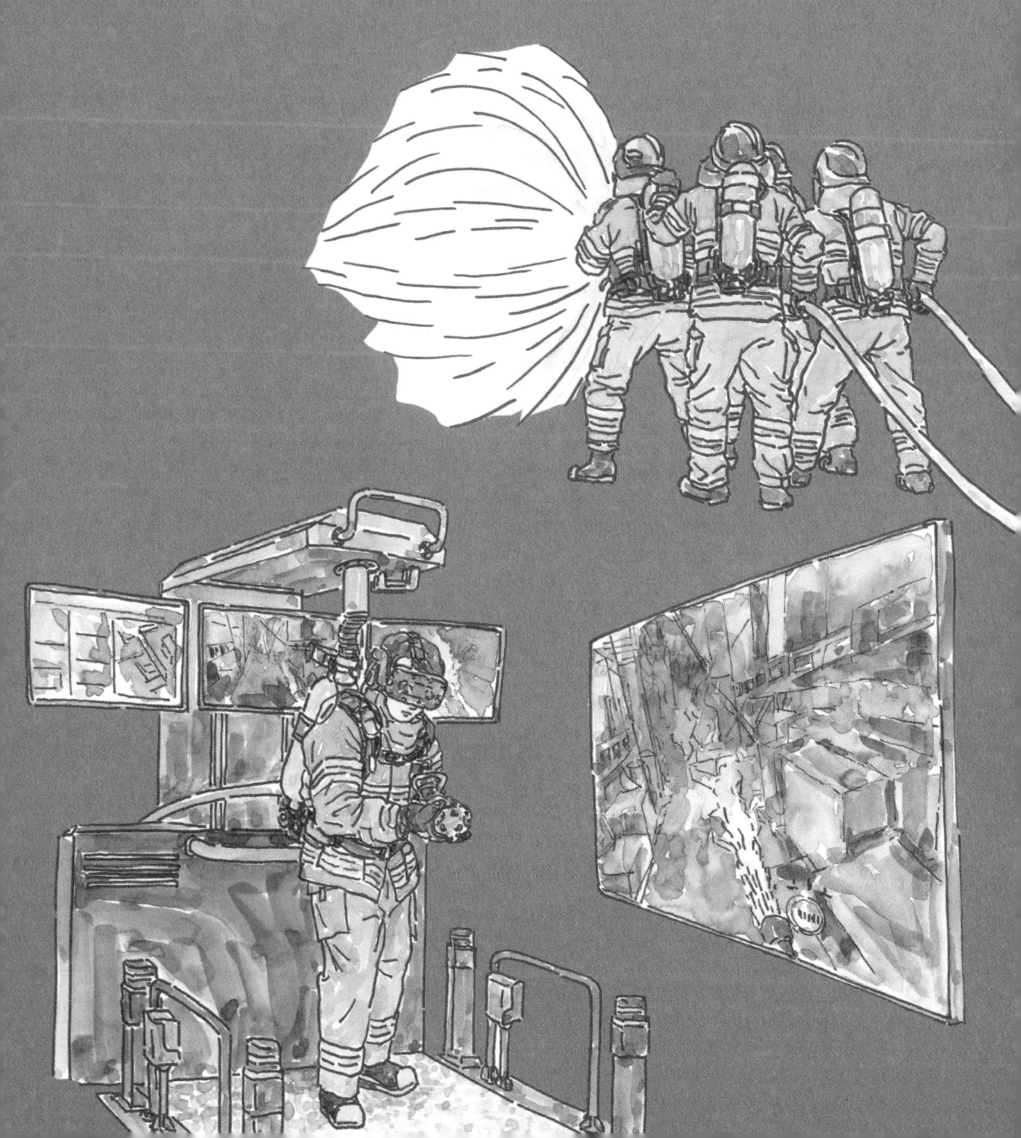

소방관의
탄생과 변화

불은 우리 삶에 꼭 필요한 것이지만 잘못 다루면 삽시간에 모든 것을 앗아가 버리는 재앙이 된다. 아주 오래전부터 인류는 화재에 맞서 싸워왔다. 화재가 일어나는지 감시하는 사람이 있었고 더 쉽고 빠르게 불을 끄기 위한 도구를 만들었다. 또한 화재는 생활 터전을 파괴하는 국가적 재난이었기 때문에 불 사용과 관련된 규칙들이 법으로 정해져 있었고 이를 어기면 엄벌에 처했다.

근대 이전의 서양 소방대와 소방관

화재를 진압하고 인명을 구조하는 소방관

인류의 삶은 불을 만들어 이용하기 시작하면서 완전히 달라졌다. 어두운 밤에도 불을 밝혀 활동할 수 있었으며, 추위를 피할 수도 있었다. 불을 피우면 사나운 짐승이나 해로운 벌레가 접근하지 않았기에 안전과 건강에도 도움이 되었다. 불에 익힌 음식을 먹으면 맛도 좋아졌을 뿐 아니라 소화도 잘 되어 적은 음식으로도 힘을 낼 수 있었다.

하지만 불은 위험하기도 했다. 불이 번지면 모든 것을 태워버리는 큰 재난, '화재'가 일어났다. 화재는 한 집이나 한 마을을 넘어 도시 전체를 파괴하고 산과 들을 황폐하게 만드는 커다란 재앙이었다. 따라서 불을 관리하고 화재를 진압하는 것은 인류의 생존이 걸린 중요한 일이었다. 화재가 발생하는지를 항상 경계하고, 화재를 예방하고, 화재가 발생하면 최대한 빨리 진압하고 위험에 빠진 사람을 구조하는 사람이 소방관이다.

소방관과 소화*

인류는 오랜 옛날부터 힘을 합쳐 화재로부터 자신을 지켜왔다. 로마의 소방대는 잘 짜인 조직으로 훌륭한 도구를 사용해서 화재를 진압했지만 그들의 유산은 역사 속으로 사라져버렸다. 인류는 17세기까지 한 줄로 길게 늘어서 물 양동이를 나르는 식으로 불을 껐다. 19세기가 돼서야 제대로 된 소방대와 소방 도구들이 등장하고 소방관이 전문 직업으로 자리 잡기 시작했으며, 20세기에 들어서면서 소방에 관한 지식과 소방 도구가 크게 발전했다.

소방관은 19세기까지 제대로 된 직업은 아니었지만, 고대 이집트부터 사람들이 불과 싸웠을 만큼 소방의 역사는 매우 길다. 산업화 이후 도시가 발전하고 소방관이 전문직으로 등장하기 전까지는 누구도 소방관을 특별한 직업이라고 생각하지 않았다. 수천 년간 세계 어디에서나 불을 끄는 모습은 비슷했고, 얼마나 많은 사람이 모이느냐에 따라 불을 끄는 것이 성공하거나 실패했다.

* 불을 끄는 것을 '소화(消火)', 혹은 '진화(鎭火)'라고 하며 '화재를 진압(鎭壓)한다'라는 표현도 자주 쓴다. 이 책에서도 소화, 진화, 진압 등은 모두 불을 끈다는 뜻으로 사용한다.

인간에게 불을 전한 프로메테우스와 수인

그리스 신화에 따르면 '프로메테우스'가 신들만 가지고 있던 불을 훔쳐 인간에게 전해주었다. 프로메테우스는 불을 훔친 죄로 신들의 왕 제우스로부터 바위산에 묶여 독수리에게 간을 쪼아 먹히는 벌을 받는다.

중국의 전설에 따르면 수인(燧人)이라는 현명한 사람이 인간에게 불 피우는 법을 가르쳐주었다고 한다. 밤과 낮의 구분이 없고 봄, 여름, 가을, 겨울의 계절 구분도 없는 '수명국'이라는 나라가 있었다. 이곳에는 큰 나무가 한그루 있었는데, 어느 날 그 나무 아래서 쉬고 있던 수인은 새 한 마리가 나무를 쫄 때마다 불꽃이 튀는 모습을 보았다. 수인은 여기서 나무를 마찰해서 불을 얻는 방법을 깨우쳐 이를 사람들에게 전했다고 한다.

불을 가져오는 프로메테우스

중국 신화 속 불을 발견한 수인

고대 로마의 화재 예방과 진화

로마 제국의 수도이자 고대 서양 세계의 중심지 로마는 늘 화재의 위험에 노출되어 있었다. 거리에는 나무로 지은 5~6층짜리 집들이 서로 담을 맞대고 빽빽이 들어서 있었고, 창고에는 올리브기름이나, 곡물, 옷감 등 불에 타기 쉬운 물건이 가득 차 있어서 불이 나면 큰 재앙으로 번졌다.

로마 거리를 관리하는 책임을 맡은 관리는 조영관이었는데, 조영관을 도와 밤에 거리를 순찰하면서 화재를 감시하는 감시원이 있었다. 로마에서 높은 자리에 오르려면 대중들의 인기를 끌어야 했기에 야심이 있는 귀족이나 부자는 자신이 소유한 노예로 개인 소방대를 만들어 화재를 진압했다.

아우구스투스 황제는 처음으로 '비질레스'라는 소방관과 경찰을 합친 공식적인 조직을 만들었다. 비질레스 중에는 밤에 거리를 순찰하다가 불이 난 것을 발견하면 나팔을 불어 알리는 사람, 불이 났을 때 물을 끌어오는 사람, 물 펌프를 조작하는 사람, 일부러 불을 낸 방화범을 잡아 심문하는 사람 등이 있었다.

로마 대화재

고대 로마의 중심부 유적 ⓒWolfgang Moroder

로마 소방대의 장비

로마는 수도 시설이 잘 되어 있어 물이 풍부하게 공급되었으며 불을 끄기 위한 장비도 훌륭했다. 비질레스는 망치, 톱, 곡괭이와 같은 일반적인 도구와 물을 뿜을 수 있는 가죽 호스를 가지고 다녔다. 특히 높은 곳에 오를 수 있는 사다리와 불을 피해 높은 데서 뛰어내리는 사람을 받기 위한 커다란 방석도 있었다. 이 방석은 떨어지는 사람의 충격을 줄이기 위해 지푸라기나 깃털을 넣어 푹신하게 만들었다. 사다리나 대형 방석

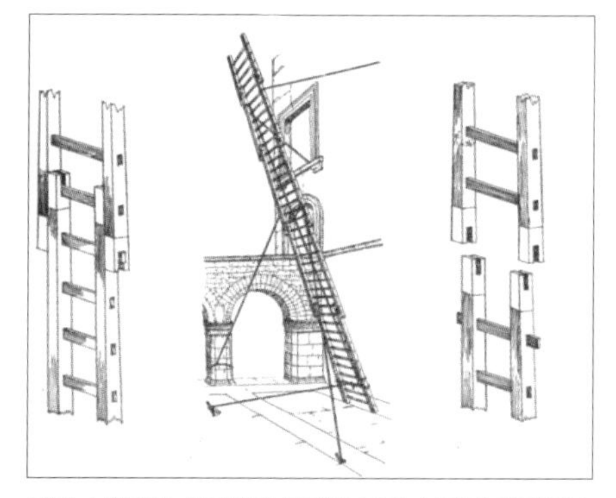

로마 소방대가 사용하던 사다리 그림, 분리된 사다리(오른쪽)를 조립해서 길게 만들고(왼쪽), 높은 곳을 오르기 위해 갈고리를 박아 고정한다(가운데).(존 켄론이 쓴 『화재와 소방관』에서 따옴)

은 지금도 필수적으로 이용하는 장비다. 당시 비질레스는 18세기 후반의 소방대와 비교해도 뒤떨어지지 않을 정도였다. 하지만 이 전통은 중세로 이어지지 못했다.

중세의 화재 대응 방법

16세기 이전까지 유럽에서 불을 끄는 방법은 줄 서서 물이 가득 담긴 양동이를 나르는 것 말고는 없었다. 이렇게 양동이를 나르는 사람들을 '양동이 부대'라고 부르기도 했다. 지금도 길이 좁아서 소방차나 큰 기구가 가까이 가기 힘든 화재 현장에서는 종종 양동이로 물을 나른다.

16세기가 지나면서 화재 진압 도구들이 발전했다. 로마에서 쓰다가 사라져버린 수동식 펌프를 재발명해 다시 이용하기 시작했다. 1650년 독일의 발명가 한스 하우치(1595~1670)는 새로운 펌프를 발명했는데, 여러 명이 펌프에 달린 긴 막대를 앞, 뒤로 밀면 압축 공기

불을 끄는 양동이 부대 그림(왼쪽)과 2010년 아이티 지진 현장에서 물건을 나르는 사람들(오른쪽)

의 힘으로 물을 20m 높이까지 계속 발사할 수 있었다.

하우치가 발명한 펌프로 높은 건물의 불을 끄는 모습

네덜란드의 화가이자 발명가였던 얀 반 데르 헤이든(1637~1712)은 신축성 있는 고무를 사용해서 15m 길이의 호스를 만들었다. 그 후 영국을 제외한 유럽 국가에서 사용하는 화재 진압 호스의 길이는 15m로 정해졌다.

동아시아의 소방대

• 중국의 소방

고대 중국의 소방대

불 끄는 일을 하는 관리가 처음 기록에 등장한 것은 주나라 때이다. 주나라의 제도를 기록한 『주례』에는 '사훼'와 '사관'이라는 이름의 벼슬이 등장한다. 사훼는 거울을 이용해서 제사나 국가 행사에 사용하는 불을 밝히고* 화재가 발생하지 않도록 경계하는 일을 담당했다. 사관은 봄이 되면 사람들이 야외에서도 불을 피울 수 있게 허락했다가 건조하고 바람이 많이 불어서 화재의 위험이 커지는 가을이 되면

* 올림픽이나 전국 체전을 할 때 오목한 거울로 태양 빛을 모아 성화를 켜는 것과 비슷하다.

집 밖에서는 불을 피우는 것을 금지하는 등 불과 관련된 각종 제도를 시행하고 화재를 단속했다.

그 후 여러 왕조를 거치면서 군대가 경찰 일과 소방 일을 겸했다. 한나라 때에는 궁궐과 수도의 경비, 순찰, 화재 단속 등은 금오위 같은 군부대가 맡았고, 지역마다 그 지방을 책임진 군대가 경비와 소방을 담당했다. 이처럼 군인이 경찰과 소방관 역할을 모두 하는 것은 19세기 서양식 소방대가 탄생할 때까지 계속되었다.

소방서와 소방 도구

당나라의 수도인 장안은 세계적인 대도시로 수많은 사람이 모여 살았기 때문에 화재 위험도 컸다. 장안성의 성문과 성벽의 중요한 지점마다 경비 초소인 '무후보'를 만들고 치안 유지와 화재 단속을 맡은 관리를 두었다.

성벽을 바로 공격할 수 있도록 병사가 탈 수 있었던 사다리차 운제 ⓒCncs

송나라는 큰 도시마다 높은 망루를 만들고 경비원이 온종일 망루에 올라가 화재를 감시했다. 만일 불이 난 것을 발견하면 북을 치고 깃발을 흔들어 신호를 보냈다. 화재를 감시하고 불을 끄는

베이징 궁궐 주위의 물 항아리

일은 '잠화군'이 담당했는데, 잠화군은 전문 훈련을 받은 이들로 여러 명이 한 조가 되어 도시를 순찰했으며 불이 나면 현장으로 달려가 불을 껐다. 불을 끌 때는 '수낭'이라는 통에 물을 담아 대나무로 만든 펌프인 '즉통'으로 뿌렸다. 긴 나무 막대 끝에 천 가닥을 붙이고 진흙을 묻힌 다음 불을 내려쳐서 끄는 '마탑'이라는 도구도 사용했다. 높은 건물에 난 불을 끌 때는 구름에 닿을 만큼 높아 '운제'라고 이름지어진 사닥다리를 사용했는데, 원래는 전쟁에서 성을 공격할 때 사용하던 것이었다. 또한 도성 내 궁궐 주위에는 100걸음마다 놓은 커다란 금속 항아리에 물을 가득 채워 두고 불이 날 경우를 대비했다.

명, 청 시대의 소방대

명나라와 청나라에서도 이전보다 불을 끄는 역할은 자세히 나뉘었지만, 여전히 군인이 소방관 역할을 했다. 궁궐은 금위군이, 지방은 그 지역 군인이 교대로 야간 순찰과 화재 단속을 책임졌다. 초소에는 칼과 창 같은 무기와 함께 불을 끌 때 필요한 장비도 보관되어 있었다. 군대에는 '화병火兵'이라는 특수한 군인이 있었다. 이들은 전쟁 때 적이 불로 공격하면 이를 막는 군인이었는데 평상시에는 사람이 많이 사는 지역에 50~100명씩 주둔하면서 화재를 진압했다.

수룡차

청나라에는 궁궐 내 '기통처'라는 소방 전문 조직이 있어 200여 명의 군인이 15명씩 조를 짜서 화재를 경계하고 진화하는 일을 맡았다. 이들은 일종의 작은 소방차 '수룡차'을 사용해서 화재를 진압했다. 수룡차에는 피스톤이 달린 나무 관이 장착되어 있어 20~30m 거리까지 물을 뿜어냈다.

• 우리나라의 소방

삼국 시대와 고려의 소방

고려 시대 이전까지 소방 조직이나 소방관이 따로 있지는 않았다. 하지만 삼국 시대에도 성에는 많은 사람이 모여 살았고, 불이 나서 백성이 큰 피해를 보자 왕이 직접 재난을 당한 사람을 위로했다는 기록이 있다. 이를 보면 화재는 국가적으로 중요한 사건이었다.

삼국을 통일한 신라의 수도 경주는 인구가 밀집한 대도시로 성장했는데 『삼국사기』에 따르면 "백성이 집을 기와로 덮고, 밥을 지을 때 숯을 썼다"라는 기록이 있다. 볏집으로 엮은 초가 지붕은 불이 잘 번졌지만 기와 지붕은 불이 잘 붙지 않았고, 마른 나뭇가지는 불똥이 튀기 쉬웠지만 숯은 불똥이 다른데로 튀지 않아서 화재 예방에 큰 도움이 되었을 것이다.

고려 시대에는 경제가 발전하고 인구가 증가했으며 높은 건물도 늘어 화재 발생도 잦았다. 때로 외적이 침입해서 민가에 불을 질러 큰 피해를 보기도 했다. 특별히 소방을 담당하는 조직은 없었지만 불을 단속하는 금화* 제도를 만들었고 창고에는 관리를 배치해서 화재를 예방했다. 또한 타기 쉬운 초가지붕을 기와지붕으로 바꾸고, 창고를 지하에 설치하는 등 여러 가지 노력을 기울였고 실수로든 일부러든 불을 낸 사람은 엄하게 벌을 받았다.

새로운 수도 한양의 화재

조선은 1396년 한양에 성벽을 쌓고 도시를 건설하여 새롭게 수도로 삼았다. 도시가 발전하면서 한양의 인구도 두 배 가까이 늘어났다.

* 한자로 불(火)을 막는다(禁)는 뜻

인구가 밀집하면서 집을 아무 곳에나 함부로 지어 혼잡해졌고 지붕을 볏짚, 갈대, 풀 등으로 만든 초가집은 불에 잘 타서 불이 나면 크게 번졌다. 실수로 불을 내는 경우뿐 아니라 도적이 물건을 약탈하면서 불을 지르는 방화도 많았다. 불을 낸 사람은 엄한 처벌을 받았다. 실수로 불을 내 자기 집이 타버리면 곤장 40대를 맞았고 불이 다른 집까지 번지면 50대, 산불을 내면 곤장 100대, 관리가 불이 난 것을 보고도 불을 끄지 않고 피하면 역시 곤장 100대의 처벌을 받았다. 만일 불이 종묘나 왕궁까지 번지면 불을 낸 사람을 사형에 처했다. 1426년에는 두 건의 큰 화재가 연속해서 일어나 2천 4백여 집이 타버리고 수십 명의 사상자가 발생했다. 조정에서 소방을 위한 조직이 필요하다는 주장이 힘을 얻었다.

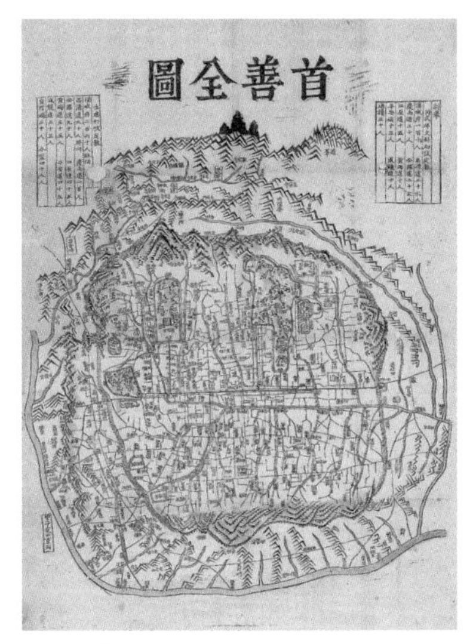

19세기 한양의 지도

금화도감의 설치

대화재 이후 조선은 화재를 방지하기 위해 '금화도감'이라는 기관을 만들었다. 여기에는 기관을 운영하고 감독하는 관리와 직접 거리를 순찰하고 불을 끄는 '금화군', 그리고 불을 끌 때 물을 나르는 '급수비자'가 있었다. 금화도감은 생겨난 지 얼마 되지 않아 다시 성벽 수리를 담당하던 '성문도감'이라는 곳과 합쳐져 수성금화도감으로 변경되었다.

수성금화도감은 화재 방지 업무 외에도 하천이나 도로 관리, 성벽 건설 및 수리 등도 책임졌다. 금화도감에서 일하는 관리는 원래 맡은 일을 하면서 중간에 도감 일도 보았고, 자주 다른 사람으로 바뀌었기 때문에 화재 방지에 전력을 다하지 못했다. 또한 화재 진압 도구도 잘 갖춰져 있지 않아서 불이 나도 손을 못 쓰는 경우도 생겼다. 금화도감이 제대로 일을 못 한다는 비난이 생겼고 결국 1460년 폐지되었다.

하지만 1481년 화재 방비가 필요하다는 주장이 나와 이번에는 '수성금화사'라는 이름으로 재탄생했다. 수성금화사는 금화도감과는 달리 임시가 아닌 정식으로 만들어진 관청으로 여기서 근무하는 관리는 다른 일을 겸하지 않았다. 하지만 금화사도 1637년 '쓸모없는 관청'이라 평가받고 없어졌으며, 소방은 '병조*'에서 담당하게 되었다.

* 국방을 담당하는 조선의 행정 부서, 지금의 국방부에 해당한다.

화재 진압 활동

금화도감의 관리는 도성을 순찰하며 화재를 단속했으며, 바람이 많이 부는 날에는 순찰할 때 방울을 울려 경계심을 갖도록 했다. 또한 행동이 수상한 사람, 방화범, 도적을 잡아들이고 심문하는 일도 했다. 지방에서는 각 고을 수령이 화재 예방의 책임을 지고 동네 사람들과 함께 마을을 순찰했다. 불이 나면 금화도감 소속의 관리가 지휘하는 금화군과 급수비자가 현장에 나가 불을 껐고 다른 부서의 관리도 불 끄는 일에 동원되었다. 혼란스러운 화재 현장에서 몰래 물건을 훔치는 도적이 활개를 쳤기 때문에 불 끄는 일에 동원된 사람에게는 '구화패'라는 증명서를 발급해 주었다.

1460년에 금화도감을 폐지하면서 '멸화군'이라는 소방대를 새로이 만들었다. 50명으로 이루어진 멸화군은 도끼, 쇠갈고리, 긴 장대 끝에 천을 매달아 불을 끄는 멸화자, 동아줄 등을 갖추고 있었다. 이들은 종루에 올라가 불을 감시하고 밤에는 조를 짜서 순찰했고 24시간 대기하다가 불이 나면 현장에 들어가 화재를 진압했다. 민간에도 다섯 집 단위로 조를 만들어 불 끄는 일, 물 나르는 일 등을 맡았고 집집이 물통을 준비해 두었다가 불 끄는 데 사용했다. 또한 관청마다 불 끄는 장비를 갖추었다가 불이 나면 소속 관원과 노비가 모두 나와 불을 껐다.

화재를 막기 위한 여러 대비

불 단속을 하고 화재를 진압하는 것 외에도 근본적인 화재 예방을 위한 일에도 힘을 썼다. 이동이 불편하지 않도록 도로를 넓히고 정비했으며, 민간은 다섯 집마다 한 개씩, 관청마다 두 개씩 우물을 파 불이 났을 때 물을 쉽게 공급할 수 있게 했다. 궁궐에는 화재가 났을 때를 대비하여 물을 담은 큰 항아리를 두었다.

큰 집이나 관청에는 대문 옆에 작은 방이 나란히 붙어있어 하인이나 노비가 살았다. 이런 방을 행랑이라 하는데, 행랑은 여러 방이 붙어있어서 한번 불이 나면 쉽게 번졌다. 불이 번지는 것을 막기 위해 행랑 10칸마다 흙에 돌을 섞어 '방화담'을 세웠다. 국가에서 관리하는 큰 창고 안에도 방화담을 곳곳에 세워 불이 나도 크게 번지지 않도록 했다.

민가의 구조도 바꾸도록 했는데 지붕에는 진흙을 두껍게 바르고 나무나 가시넝쿨로 담벼락을 대신하지 못하게 했다. 또한 초가지붕을 기와로 바꾸도록 권장하고 기와를 만드는 곳도 여럿 설치했지만, 값이 비싸 백성 대

창덕궁에 있는 화재를 대비한 물 항아리 '드므' ⓒ이상화

부분은 초가집에서 살았다. 민가에서 일어난 불이 궁궐이나 관청까지 번지는 것을 막기 위해 궁궐과 관청 주변에 있는 민가를 없애기도 했다.

발전하는 소방대

●

이전에는 화재를 목격한 사람이라면 누구나 불을 껐고, 군인이 불 끄는 일도 함께 하기도 했다. 하지만 이제는 전문적으로 불을 끄는 소방대가 조직되었다. 산업 혁명으로 기술이 발전하면서 우물이나 수도를 찾을 필요 없이 소방차가 많은 양의 물을 싣고 가서 펌프를 이용해 물을 쏘아 불을 껐다. 또한 현장으로 빠르게 이동하여 불을 끄는 사람, 장비를 운반하고 정비하는 사람 등 체계적으로 역할을 정하여 이전보다 빠르게 화재를 진압할 수 있게 되었다.

전문적인 소방대가 만들어지기까지

런던 대화재와 소방대의 탄생

1666년 9월 대화재가 런던을 휩쓸었다. 2일부터 4일간 계속된 화재는 1만 3천여 채의 집과 세인트폴 대성당 등의 건축물을 파괴했다.

당시 런던은 50만 명에 달하는 사람이 사는 영국 최대의 도시였다. 수많은 집은 불에 잘 타는 재료인 나무로 지어졌으며, 화재의 위험이 있는 재료를 모아 둔 창고와 지하실도 많았고 화약을 보관한 집도 있었다. 원래 런던에는 화재가 자주 발생했기 때문에 불이 난 것을 알리고 불을 끄는 데 도움을 주는 훈련받은 사람들도 있었다. 또한 불이 나면 교회 종을 울려 사람들이 양동이에 물을 채워서 모이는 양동이 부대를 만들었고, 불이 번지지 못하도록 불이 난 곳 주변의 집과 건물을 불이 번지기 전에 먼저 부숴버리기도 했다. 하지만 이 방법만으로

런던 대화재를 그린 그림

는 화재를 제대로 진압하기 어려웠고, 결국 런던은 막대한 피해를 보았다.

유럽에는 손해를 보상해 주는 보험 산업이 일찍부터 발달해 있었다. 런던에도 자신의 건물과 재산에 보험을 든 사람이 많았다. 보험회사는 대화재 후 보험에 가입해 있던 사람들에게 보험금을 지급한 후 큰 손해를 입었다. 그래서 앞으로의 손해를 막기 위해 전문적으로 화재를 진압하는 '소방대'를 만들었다. 런던시에서도 앞으로 이와 같은 사고가 발생하지 않도록 런던을 4개의 구역으로 나누어서 각 구역의 화재 진압을 책임하는 관리를 임명했다.

북아메리카의 화재 대응

북아메리카는 숲이 우거져 나무가 풍부했기 때문에 건물을 모두 나무로 지었다. 1648년 뉴암스테르담에서는 화재를 예방하기 위해 나무로 지붕을 만들지 못하게 했다. 또한 수백 개의 물통, 갈고리, 사다리를 사들여서 화재에 대비했다. 밤에는 자원한 시민이 거리를 순찰하면서 화재를 경계했다.

소방 조합을 만든 벤저민 프랭클린

1678년 보스턴시가 처음으로 시에서 관리하는 소방대를 만들었으며, 영국에서 수동식 물펌프를 수입하는 등 화재에 대비했다. 이 소방대는 1720년에 화재 경비원 10명, 소방 도구를 나르는 수레 6대, 소방관 20명으로 규모가 커졌다.

보스턴시의 소방대를 본보기로 삼아 정치가이자 피뢰침을 발명한 과학자, 발명가이기도 한 벤저민 프랭클린(1706~1790)이 1736년 필라델피아에 '소방 조합'을 만들었다. 소방 조합에는 30여 명의 회원이 가입했으며 회비를 내고 소방 도구를 마련했다. '프랭클린의 양동이 부대'라고도 불린 이 조합은 원래 회원들이 화재를 당하면 서로 돕기 위해 만들었으나 필라델피아에서 발생하는 모든 화재에 대응했다. 이 조합은 시민들이 직접 나서서 만든 소방대의 모델이 되었다.

미국 뉴올리언스에서 있었던 의용 소방대의 행진

의용 소방대의 발전

지원자로 구성된 소방대를 '의용 소방대'라고 한다. 의용 소방대는 정부나 공공 기관에서 만들어 운영하는 소방대만큼이나 활약했으며 사회 고위층 인물도 의용 소방대원으로 참여했다. 훗날 미국 대통령이 되는 시어도어 루스벨트와 프랭클린 루스벨트도 젊은 시절 뉴욕 의용 소방대원으로 활동했다. 도시를 보호하고 인명을 구하는 의용 소방대에 참가하는 것은 존경 받는 행동이었다. 의용 소방대는 여전히 전 세계에서 활약하고 있는데 특히 미국은 소방관의 70%가 의용 소방대원이며, 우리나라에도 의용 소방대가 소방 업무를 돕고 있다.

18~19세기 소방대의 발전과 증기 기관의 등장

18세기에도 불을 끄는 주 무기는 양동이 부대였지만 19세기에 접어들면서 본격적으로 소방 장비가 개선되고 소방 조직도 체계가 잡혔다. 불이 나면 물을 담은 양동이를 손에서 손으로 날라 불을 끄던 시대에서, 소방대원이 수동 펌프를 가지고 자기가 맡은 구역으로 출동해서 불을 끄는 시대로 나아갔다. 불이 난 곳에서 가장 먼저 하는 일은 수도나 우물이 어디에 있는지 찾는 것이었다. 만일 불난 곳에서 멀리 떨어진 곳에 물이 있으면 물을 펌프까지 직접 날라야 했기 때문에 손쓰기가 곤란했다. 1820년 영국에서는 가죽으로 만든 호스 대신 고무를 사용한 호스가 생산되기 시작했고 1829년에는 증기 기관을 이용한 소방펌프가 등장하면서 소방 기술은 눈에 띄게 발전했다. 증기 기관을 이용해 사람이 힘들게 펌프질하지 않아도 자동으로 30m

1800년대에 만들어진 증기 기관으로 소방펌프를 작동하는 소방차, 차는 말이 끌었다.

의 높이까지 물을 뿌릴 수 있게 되자 화재 진압이 훨씬 쉬워졌다.

완전히 자리 잡은 소방대

도시는 점차 빠르게 커졌고 소방대도 함께 발전해 나가 19세기 후반 무렵 서양의 큰 도시에는 소방대가 제대로 자리 잡았다. 화재가 발생했다는 경보가 울리면 소방관과 소방 장비가 모여 있는 기지(소방서)의 문이 자동으로 열리면서 말이 끄는 소방차가 흰 수증기를 뿜으며 출동했다. 소방관은 호스를 잡고 불을 끄는 팀과 소방차를 운전하고 장비를 운용하는 팀으로 나뉘어 화재 진압에 나섰다.

화재 진압에 필요한 장비로 빼놓을 수 없는 것은 사다리였다. 높은 건물의 불을 끄기 위해서는 조립식 사다리가 꼭 필요했고 지하실에서 불이 나더라도 안전을 위해 소방관들은 높은 층으로 들어가 조심스럽게 아래로 내려갔다.

소방대끼리 지켜야 하는 규칙도 만들어졌다. 큰 도시에는 독자적인 의용 소방대가 여럿 있었다. 화재 현장에 여러 소방대의 소방관이 섞이면 누가 어떤 일을 해야 하는지 혼란스러웠다. 혼란을 방지하기 위해 가장 먼저 현장에 도착한 소방대가 화재 진압을 지휘하는 전통을 만들었다.

정부 주도의 소방대

마르세유 해상 소방 구조대

민간 회사나 자원자를 중심으로 한 소방대뿐 아니라 국가에서 주도하는 소방 조직도 점점 발전하기 시작했다. 1811년 프랑스의 나폴레옹 황제는 파리에서 화재가 자주 발생하자 군인으로 구성된 소방대를 창설했다. 프랑스의 군대 소방대는 계속 이어져 프랑스 육군 소속의 '파리 소방 구조대'와 해군 소속의 '마르세유 해상 소방 구조대'로 지금도 활동 중이다. 19세기 후반부터 국가나 지방 정부가 주도하는 소방대가 점점 늘어나기 시작했다. 도시가 성장하면서 힘이 세진 시 정부는 공공 소방대를 새롭게 만들고 늘려갔으며, 1867년 미국 뉴욕시는 의용 소방대나 개인 소방대는 시청의 감독을 받으면서 활동하도록 규정을 만들었다. 그렇지만 미국의 경우에는 1890년대까지도 화재 예방이나 진압, 인명 구조에 의용 소방대, 보험사에서 고용한 사설 소방대가 중요한 역할을 했다.

20세기 소방대의 발전

20세기에 들어서면 대부분 국가에서 소방대를 조직해서 운영하기 시작했다. 현대의 소방대는 마치 군대와 같은 엄격한 계급과 지휘 체계를 갖추고 일정한 지역마다 소방서를 만들어 소방관과 소방차, 기타 소방 장비를 모아 두고 비상시를 대비한다. 화재 현장은 마치 전쟁터와 같고 소방관은 전투에 임하는 군인과 같아서 지휘관의 명령에 절대복종해야 한다. 나라마다 소방대를 운영하는 방식은 조금씩 다르지만 철저한 교육과 훈련을 거친 사람만 소방관이 될 수 있는 것은 모두 같다. 소방 장비도 크게 좋아져서 휘발유 엔진을 단 소방차가 등장했고, 자동으로 사다리를 펴고 닫는 사다리차도 나왔다.

여성 소방관의 활약

19세기 초 소방관으로 활약하는 여성이 처음으로 등장했다. 1815년 최초의 여성 소방관 '몰리 윌리엄스'가 뉴욕시의 사설 소방대에서 일했다. 윌리엄스는 노예 출신의 흑인 여성이었지만 남자들 틈에서 펌프를 조작하는 자기 임무를 꿋꿋이 해냈다.

1878년 영국 여자 대학에는 여성으로만 구성된 소방대가 만들어졌고, 20세기 초가 되면서 소방대에 진출하는 여성이 늘어났다. 특히 제2차 세계 대전을 맞아 남성들이 전쟁에 동원된 사이 소방대는 여성들이 책임져야 했다. 영국에서는 전쟁 동안 7천여 명의 여성 소방관이 화재 예방 및 단속, 화재 진압 현장에서 활약했으며, 미국에는 소방관이 전부 여성인 소방대도 몇몇 있었다. 1970년대 이후에는 소방관을 평생 직업으로 삼아 소방 서장 등 고위 지휘관에 오르는 여성이 나오기 시작했고, 2000년대에 접어들면서 소방관이 되는 여성도 점점 늘고 있다.

최초의 여성 소방관 몰리 윌리엄스

근대 동아시아의 소방대

• 중국의 소방과 소방대

서양식 소방대의 탄생

아편 전쟁으로 상하이 일부를 차지한 영국, 미국, 프랑스 등은 자신들이 사는 지역에 조계*를 만들었는데, 여기는 청나라의 힘이 미치지 못했다. 1866년 상하이 조계에 처음으로 근대적인 소방대가 만들어졌는데, 소방관은 주로 외국인이었다.

1902년 중국 북부의 권력자였던 위안스카이(1859~1916)는 경찰 학교를 만들면서 그 안에 별도로 소방관을 훈련시키고 일본으로부터

* 개항 도시의 외국인 거주지

충칭 대공습에서 화재를 진압하는 소방관

소방 장비를 수입해 중국 최초의 현대적인 전문 소방대를 만들었다. 이후 신해혁명으로 탄생한 중화민국에서는 소방 장비를 개선하고 지방마다 새로운 소방대를 만들었다.

중일전쟁과 소방대의 활약

신해혁명으로 청나라 왕조가 무너진 이후 중국의 패권을 두고 중화민국의 국민당과 중국공산당은 치열하게 싸웠다. 중국 북부에 만주국이라는 허수아비 나라를 세워 필요한 자원을 빼돌리던 일본은 이 혼란한 틈을 타 1937년 중국을 침략한다(중일전쟁).

일본이 쳐들어오자 국민당과 공산당은 서로 싸우기를 중지하고 힘을 합쳐 일본에 맞섰다. 일본군은 전쟁이 터지고 얼마 되지 않아 국민당 정부의 수도였던 난징을 점령하고 수많은 사람을 무참히 학살

했다*. 하지만 중국은 수도를 충칭으로 옮겨 전쟁을 계속했다. 일본군은 1938년 2월부터 1943년 8월까지 충칭에 대대적인 폭격(충칭 대공습)을 가했고, 이 때문에 1만 명이 넘는 시민이 폭격으로 사망했다. 충칭시에는 8천여 명의 소방관들이 활약했는데 폭탄이 떨어지면 시민들은 대피소로 피했지만, 소방관들은 폭발이 일어나는 중에도 화재를 진압하고 인명을 구했다.

전쟁이 끝나고 새로운 나라가 들어선 이후 중국의 소방대는 계속 발전해 현재는 약 35만 명의 소방관이 화재 진압, 인명 구조, 재난 대응 등의 업무를 담당하고 있다.

• 우리나라의 소방과 소방대

조선 후기의 소방 제도

조선 후기까지 소방 제도가 새로워지거나 발전한 것은 찾기 힘들다. 1894년 갑오개혁으로 근대적인 경찰 조직인 경무청이 만들어지고 경무청 아래 총무국에서 소방과 관련된 일을 담당했다. 물을 공급하는 수도가 제대로 갖추어져 호스를 연결할 수 있는 소화전이 설치

* 일본군이 남경을 점령하면서 수많은 민간인을 살해한 전쟁 범죄로 남경대학살 혹은 아시아 홀로코스트라고 불린다. 최소 수만 명에서 많게는 30여만 명의 중국 민간인이 학살당했다.

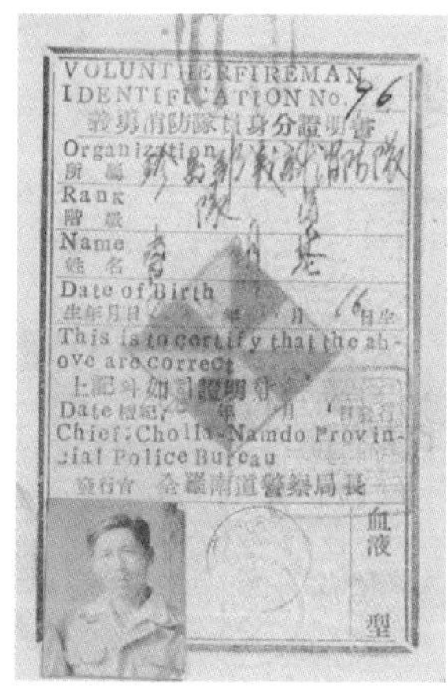
VOLUNTEER FIREMAN
IDENTIFICATION No.
義勇消防隊員身分證明書
Organization
所屬
Rank
階級
Name
姓名
Date of Birth
生年月日 年 月 日生
This is to certify that the above are correct
上記와 如히 證明함
Date 發給 年 月 日發行
Chief: Cholla-Namdo Provincial Police Bureau
發行官 全羅南道警察局長
血液型

의용 소방대원의 신분증명서(왼쪽, 국립민속박물관)와 1900년대 궁중 소방대 훈련(오른쪽, 소방재난본부)

되었으며, 화재 보험 회사도 활동을 시작했다. 개항 이후 우리나라에서 활동하는 일본인들이 늘어나자 일본인들이 사는 지역에는 '소방조'라는 의용 소방대가 만들어졌다. 1889년 2월에는 경성(지금의 서울)에 소방펌프차 1대를 갖춘 일본 소방조가 처음으로 활동을 시작했고 원산, 목포, 부산 등지로 확대되었다. 우리나라 사람들도 자체적인 소방조를 만들기 시작해서 1907년에 최초의 의용 소방대가 탄생했다.

일제 강점기의 소방

일본 식민 통치 기간 중 소방 업무는 조선 총독부의 경무국이라는 경찰 조직에서 관리했다. 훈련 받은 전문 소방관이 늘 근무하고 각종

경성소방서와 당시 소방서 간부들(왼쪽)과 일제 강점기 화재 예방 포스터(오른쪽, 국립민속박물관)

화재 진압 장비, 구조 장비, 소방차, 사다리차 등을 갖춘 소방서도 생겨났다. 1925년에 우리나라 최초의 근대식 소방서인 경성소방서(지금의 서울 종로소방서)가 탄생했고 1945년까지 부산, 평양, 창진, 인천, 함흥 등지에 소방서가 만들어졌다. 의용 소방대인 소방조도 전국으로 확대되어 1938년에는 1,393개로 늘어났고, 소방관은 69,414명에 달했다. 하지만 소방조는 중일전쟁이 일어난 후인 1939년 방공*을 목적으로 만들어진 '경방단'에 흡수되었고 각 지방의 의용 소방 업무는 경방단에서 담당했다.

* 비행기에 의한 공격을 막고 대비하는 일

대한민국의 수립과 소방의 발전

1945년 독립 이후 정부가 수립되기 전까지는 지방마다 도에는 소방위원회, 시, 읍, 면에는 소방부를 만들어 소방 제도를 마련했으며, 1948년 정부 수립 후에는 경찰 업무를 담당하는 치안국 아래 '소방과'에서 맡았다. 1958년에는 소방법을 만들어 소방과에서 전국적인 소방 업무를 관할하고, 지방에는 일선 소방서를 설치했다. 이때부터 소방관은 경찰과 같은 공무원 신분이 되었다.

1972년에 정부 조직을 정비하면서 소방은 경찰로부터 독립했고, 서울과 부산에는 '소방 본부'를 설치해 소방 업무를 담당했다. 여성도 본격적으로 소방관에 진출하기 시작했다. 1982년에는 서울에서 최초로 여성 소방 공무원을 공개 채용했는데, 2015년에는 여성 소방서장도 탄생했다.

소방관 교육

1970년대 소방이 경찰에 속해있던 시기에는 소방관 교육 역시 경찰관 교육의 일부분이었다. 소방이 경찰로부터 분리되면서 교육 또한 독립되어 1978년 처음으로 소방학교가 문을 열었다. 이곳에서는 처음 소방관이 된 사람뿐 아니라 소방관 중에서 높은 계급으로 승진해 더 전문

중앙소방학교 심볼

강원도 소방 학교

적인 교육이 필요한 사람들도 함께 공부했다.

이후 80~90년대에는 서울, 경북, 광주, 경기 소방 학교가 문을 열고 지역별로 소방관 교육을 담당했다. 이때부터 인명 구조, 구급 등 전문 영역에 관한 교육이 활발해졌으며 각종 실습장이 마련되어 보다 체계적인 훈련을 받을 수 있었다. 1995년에는 학교 이름을 '중앙소방학교'로 변경했으며 2000년대 이후에는 전문 지식과 국제적 감각을 겸비한 전문가이자 국민에게 봉사하는 소방관을 양성하는 것을 목표로 첨단 기술을 활용한 교육을 펼치고 있다.

자치 소방의 시대

1992년부터는 전국 시, 도에 소방 본부를 설치하고 시와 도의 소방은 특별시, 광역시, 도의 지방 정부가 책임지는 '광역자치 소방 체제'로 전환되었다. 특별시, 광역시, 특별 자치시, 도에는 소방 본부가 있고 시, 군에는 소방서가 있다. 또한 소방서 아래는 119 안전 신고센터가 있어 긴급한 재난이나 사고가 발생했을 때 인명을 구조하고 급한 환자를 응급 처치하고 병원까지 옮긴다.

2004년에는 화재 예방 및 진압 업무뿐 아니라 민방위, 재난, 재해

소방청 심볼(왼쪽)과 소방관 캐릭터 영이와 웅이(오른쪽)

업무를 모두 통합해서 관리하는 '소방방재청'이 새롭게 만들어졌다. 소방방재청은 2014년 국민안전처 소속 '중앙소방본부'로 바뀌었다가 2017년에는 다시 '소방청'으로 출범했다. 또한 이전까지는 지방직 공무원이었던 소방관이 2020년부터는 국가직 공무원이 되었다. 최근 대한민국 소방청은 전염병의 유행을 막기 위해 환자가 발생하면 안전하게 병원이나 치료센터로 이송하고, 이송 후에도 철저한 소독으로 감염의 확산을 막는데 온 힘을 기울이고 있다.

오늘날과 미래의 소방관

●

현재 소방관은 화재를 진압할 뿐만 아니라 재난 현장에서 사람을 구하고 응급 환자를 신속하게 이송하는 일도 한다. 때로 자신의 목숨을 걸고 주어진 임무를 수행하기 때문에 소방관은 사회적으로 존경을 받는 직업이다. 이러한 소방관의 희생을 줄이기 위해 새로운 소방 도구와 훈련 방식이 도입되고 있다.

오늘날의 소방관

소방관의 임무

소방관은 화재가 발생하면 현장으로 출동하여 불을 끄고 피해자를 구조한다. 또한 사람들이 건물을 지을 때, 건물 내부에서 생활할 때 화재를 예방하기 위한 규칙을 지키는지 감독하며, 화재를 탐지하고 즉각 불을 끄는 소화 장치를 관리하기도 한다. 화재 발생 시 빠르게 대피할 수 있게 하는 각종 피난 기구나 구조 기구, 비상 조명 등을 제대로 갖추게 하는 것도 소방관의 일이다. 또한 자연재해나 사고가 발생하면 현장에서 인명을 구

화재를 진압하는 소방관 ⓒ최광모

조하고, 위급한 환자가 발생했을 때 응급조치와 더불어 병원으로 신속하게 후송하는 활동도 한다. 그 외에도 수돗물이 잘 안 나오는 지역이나 가뭄이 심해 물이 부족한 곳에 물을 공급하는 일, 국민에게 필요한 각종 안전 교육도 실시한다.

하는 일에 따른 소방관의 분류

소방관은 좁은 의미로 보면 화재를 예방하고 진압하는 사람이다. 하지만 소방관이 하는 일의 범위가 점점 넓어지면서 화재 진압 외에도 다른 일을 전문적으로 담당한 소방 공무원이 생겨났다. 우리가 잘 알고 있는 화재 예방과 진압을 주된 업무로 하는 소방대원뿐 아니라 119 구조대에 소속되어 각종 재난과 사고 현장에서 인명을 구조하는 '구조대원', 환자나 부상자를 응급처치하고 병원으로 재빨리 이송하는 '구급대원'으로 나눌 수 있다.

구조대는 재난 발생의 유형에 따라 공장이 많은 지역에는 화학 구조대, 강이나 호수 부근 지역에는 수난 구조대, 자연공원이나 산악 지대에는 산악 구조대, 고속도로에는 고속국도 구조대, 지하철에는 지하철 구조대 등 특성에 따라 전문적인 활동을 하는 구조대가 있다.

구급대도 일반적으로 소방서마다 설치된 구급대 외에 교통사고에 빠르게 대응하는 고속국도 구급대도 있다. 그 외에도 소방차, 구급차 등을 빠르고 안전하게 운전하는 사람, 외딴섬이나 높은 산 또는 고층

산불 현장으로 출동하는 소방 헬기(소방청)

건물에서 긴급 환자를 후송하는 헬기 조종사, 화재의 원인을 찾고 화재에 취약한 점을 미리 검사하는 조사원, 본부에서 화재나 재난 신고를 받고 소방관에게 연락하는 등 신속한 소방 활동을 지원하는 소방관 등 다양한 전문 분야가 있다. 또한 소방 공무원은 사법 경찰관의 직무를 하는 특별 사법 경찰로 임명되어 소방 관련 법률에 규정된 범죄를 단속할 수도 있다.

소방관의 자질

소방관은 생명을 존중하고 다른 사람을 보호하고 돕는 활동을 좋아하는 사람에게 잘 어울린다. 소방관은 각종 위기 상황을 맞이하기 때문에 긴급한 상황에 잘 적응해서 융통성 있게 문제를 해결하는 능력이 필요하다. 또한 어려운 상황에서도 흥분하지 않고 냉정하게 판단하며, 타인을 배려하고 동료와 적극적으로 협력해야 한다. 책임을 기꺼이 받아들이고 도전하려는 진취성도 필요하다. 소방관은 화재

소방관의 계급

처음 소방관이 되면 소방사 시보에서 시작해서 경력과 성과에 따라 계급이 높아진다. 아래에서부터 소방사 시보-소방사-소방교-소방장 계급의 소방관은 주로 화재를 진압하고 인명을 구조하는 현장 실무 요원으로 활약한다. 계급 표시는 육각수 모형의 숫자로 나타내며 소방사 시보는 육각수 1개, 소방사는 2개, 소방교는 3개, 소방장은 4개이다.

그 위로 간부급인 소방위-소방경-소방령-소방정이 있다. 이들은 경찰의 경위부터 총경까지 계급에 해당하는데 119 안전센터장부터 소방서장까지 일선의 소방관을 지휘, 감독하는 일을 담당한다. 태극무늬를 육각수가 둘러싼 모양으로 계급을 표시하는데 소방위는 1개이고 그다음부터 하나씩 늘어나 소방정이 되면 4개이다.

고급 간부급 소방관은 소방준감-소방감-소방정감-소방총감이다. 태극무늬를 중심으로 태극과 육각수가 둘러싼 모양으로 계급을 표시한다. 소방준감은 태극무늬를 둘러싼 태극과 육각수 모양 1개를 달고 계급이 하나 올라갈 때마다 숫자가 늘어 소방총감은 4개이다.

소방관 계급장. 소방사 시보의 육각수(왼쪽), 소방위의 태극 육각수(가운데), 소상준감의 태극을 감싼 태극 육각수(오른쪽)

진압이나 구조 활동을 벌이다 큰 상처를 입거나 목숨을 잃는 경우도 생긴다. 따라서 자신의 신체적, 정신적 스트레스를 잘 관리할 수 있어야 한다. 낙관적인 성격, 자기에 대한 확신, 어려운 상황에서도 항상 자신감을 잃지 않는 특징을 가진 사람이 소방관 직업이 주는 스트레스를 극복하는 데 유리하다.

소방서와 각종 소방 기구

소방관이 항상 머물며 근무하는 장소는 소방서다. 소방서에는 각종 화재 진압 장비, 구조 및 구급 장비를 갖추고 24시간 긴급 상황에 대비하는데 보통 시, 군, 구마다 하나씩 있다. 119 안전센터는 마치 파출소나 주민센터처럼 동네마다 화재 진압, 구급 및 구조 활동을 하는 곳이다. 119 안전센터는 현장과 가장 가까운 곳에서 소방 업무를 수행하는 곳으로 문제가 발생하면 제일 먼저 출동하는데, 여기에도 기본적으로 필요한 소방차와 구급차를 준비해 두고 있다.

119 안전센터가 없는 읍, 면 지역에는 119 지역대가 활동한다. 119 지역대는 안전센터를 두기 어려운 오래된 도시의 골목이나 인구가 적은 지역에 설치한다. 소방서마다 인명 구조와 응급 환자 수송을 담당하는 119 구조대가 1~2개 있으며, 구급대원은 119 안전센터마다 배치된다.

직업으로서의 소방관

화재에 맞서 각종 사고와 재난으로부터 사람의 생명을 지키는 소방관은 항상 위험을 감수해야 한다. 소방관은 화재를 진압할 때는 불의 열기, 건물 붕괴, 유독 가스나 화학 물질에 노출 등 여러 위험에 의해 상처를 입기도 하지만 불과 싸우면서 받는 각종 스트레스나 트라우마* 등 정신적인 충격에 힘들어하기도 한다. 이런 어려움에도 불구하고 자신을 희생하기 때문에 소방관은 사회적으로 존경 받는 직업이다. 특히 아이들에게는 '영웅'으로 비치기도 해서 어느 나라나 아이들이 커서 되고 싶어 하는 직업 순위에서 1~2등을 다투는 직업이다. 로봇, 인공지능 등 새로운 기술의 도움을 받아 효과적이고 안전하게 재난과 싸우고 사람의 생명을 살리는 소방관의 활약은 앞으로도 계속될 것이다.

2022년 2월 광주 신축 아파트 붕괴 현장을 점검하는 소방관들(소방청)

* 자신이나 타인에게 위험한 사건을 경험하거나 목격한 후 겪는 마음의 고통

미래의 소방관

커지는 재난에 전문적으로 대비

재난, 화재, 사고의 규모는 날이 갈수록 커지고 있다. 따라서 전문화된 소방관도 더 많이 필요해지고 있다. 소방관의 업무가 모든 재난 및 재해 현장에서의 인명 구조, 실종자 수색은 물론 응급환자 구급 업무, 피해 복구 지원 활동까지 확대되면서 구조요원 및 구급요원 등 다양한 방면의 전문 인력도 증가하고 있다.

이와 더불어 발전한 과학 기술을 이용해서 재난 현장에서 사용하는 새로운 장비와 교육 및 훈련 기술이 개발되고 있다.

소방 로봇

소방관은 불타는 건물, 폭탄이 터지는 빌딩, 화염에 휩싸인 숲속에

유럽의 소방 로봇 스모크봇(왼쪽)
미국 LA 소방청의 소방 로봇 RS3(오른쪽)

뛰어들어 화재를 진압하고 생명을 구하기 때문에 생명이 위험할 수 있다. 특히 최근에는 테러 공격에 희생된 소방관이 늘어났다. 일부에서는 이런 위험한 상황에 소방관을 대신한 로봇을 개발해서 사용하고 있다. 유럽에서는 연기 때문에 앞이 잘 보이지 않는 화재 현장에서 화재를 진압하는 로봇 '스모크봇'을 개발해서 활용하고 있다. 2020년 미국 LA 소방청은 사람이 접근하기 어려운 화재 현장에 로봇을 투입해 화재를 진압했다. 앞으로는 위험한 현장에서 소방관을 도와 불을 끄고 인명을 구조하는 로봇을 쉽게 볼 수 있을 것이다.

스마트 헬멧과 미래형 소방차

소방대원의 효율적인 화재 진압, 구조 및 구급에 필요한 기능을 제공하고 소방관의 안전을 확보하는 장비 중 하나로 스마트 헬멧이 널리 쓰일 것이다. 스마트 헬멧에는 각종 카메라와 센서가 부착되어 화재 현장의 여러 정보를 자동으로 전달해서 소방관끼리 필요한 정보를 편하게 주고받을 수 있다. 소방 본부에서 화재나 구조 작전을 짜고 실행할 때도 현장의 정보를 바로 이용할 수 있다. 앞으로는 옷이나 시계 등 각종 휴대용 장치에도 센서와 컴퓨터 그리고 통신 장치를 장착하여 현장에서 활용할 것이다. 소방차와 화재 진압 방법도 나날이 발전하고 있다. 커다란 소방차가 들어가기 힘든 좁은 골목에 쉽게 들어가는 소방차, 험한 산길이나 눈길, 진흙으로 가득 찬 늪지대도 통과하는 소방차 등이 개발되고 있다. 또한 물을 아주 작은 입자로 만들어 뿜어내고, 소화에 효과적인 화학 물질을 섞어 화재를 진압하는 방법도 새롭게 등장하고 있다. 직접 불에 물을 뿜는 것이 아니라 화재 주변의 공기를 차단하고, 온도를 내리며, 화재로 인한 열이 주변으로 퍼지지 못하게 만드는 다양한 소화 방법도 널리 사용되고 있다.

인공지능을 이용한 화재 예측 및 가상현실 훈련

소방관들이 겪은 다양한 화재 현장의 경험을 모아 인공지능 기술로 분석해서 화재에 취약한 시기와 장소 및 화재 위험성을 예측하고 그에 대응하는 기술도 발전하고 있다.

실제로 소방관들이 훈련에 사용하는 가상현실* 프로그램도 있다.

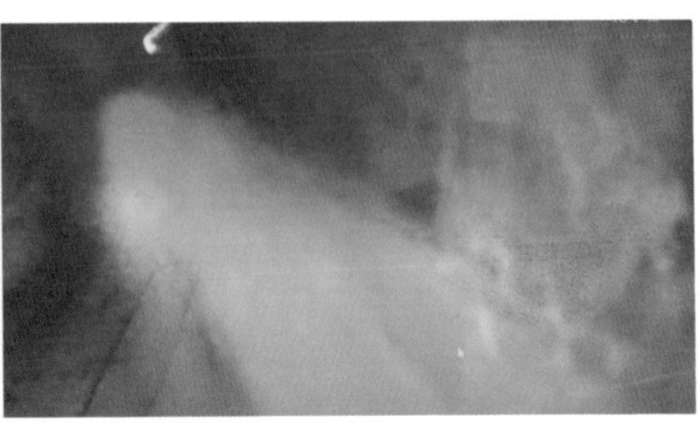

가상현실을 이용한 화재 훈련 차림(왼쪽)
훈련하는 소방관이 보는 화면(오른쪽)

소방관은 마치 실제 화재 현장처럼 화면과 소리는 물론이고 폭발로 인한 진동까지 컴퓨터로 구현한 가상현실 속에서 위기 상황에 따른 판단력을 기르는 등 다양한 훈련을 할 수 있다. 소방관은 훈련하면서 다치는 경우도 있다. 이런 가상현실 훈련은 다칠 위험이 없어서 소방관도 도입에 찬성하고 있다. 앞으로는 더욱 정교한 프로그램으로 발전할 것이다.

* 컴퓨터를 이용해서 실제와 유사한 환경이나 상황을 가상으로 만들어 내는 기술

부록

어떻게 소방관이 될 수 있나요?

소방 공무원 공개경쟁 채용 시험

18세 이상 40세 이하의 대한민국 국민으로 공무원에 응시할 수 있는 사람 누구나 도전할 수 있다. 운전면허 1종 보통 또는 대형 자격이 있어야 한다.

필기시험, 체력시험, 신체검사, 면접 순서로 시험을 치른 후 점수가 높은 순서대로 합격자를 결정한다.

소방 관련 국가 기술 자격증이나 항해사, 기관사, 항공기 조종사, 정비사, 의사, 변호사, 간호사, 응급구조사 등의 자격을 가진 사람은 추가 점수를 받을 수 있다.

소방 간부로 일을 시작하기

21세 이상 40세 이하의 대한민국 국민은 '소방 간부 후보생 선발시험'을 치를 수 있다. 필기시험, 체력시험, 신체 · 적성검사, 면접을 거쳐 합격자를 선발한다. 합격자는 중앙소방학교에서 1년간 교육받은 다음 소방위가 된다. 소방위는 소방관 계급 중 초급 간부에 속한다. 매년 1월 시험을 치르며 총 30명을 선발하기 때문에 경쟁률이 높다.

경력 경쟁 채용

20세 이상 40세 이하의 대한민국 국민으로 2년제 이상 대학의 소방 관련 학과 졸업생, 응급구조사 1급 자격이 있는 응급구조학과 졸업생, 의무 소방원*으로 군대를 마치거나 마칠 예정인 사람을 대상으로 한다.

소방 관련 학과는 소방안전관리과, 소방시스템과, 소방학과, 소방환경관리과, 소방공학과, 소방행정학과, 소방방재학과 등으로 2020년 기준 70개 대학에 있다. 응급구조학과는 응급 환자 발생 현장, 환자 이송 중, 의료기관 내에서 기본 및 전문 응급 처치를 할 수 있는 인력을 양성하는 학과이다.

* 소방 본부나 소방서에서 소방관 업무를 하는 병역 제도. 병역 대상자 중에서 공개 경쟁을 거쳐 선발한다.

소방관의 승진

소방 공무원이 처음 되면 소방장 이하는 6개월, 소방위 이상은 1년간 업무를 익히는 '시보'로 생활한다. 하지만 간부 후보생 시험에 합격한 소방위 이상 계급은 합격 후 1년간 중앙소방학교에서 합숙 교육을 받고, 이 기간을 시보 기간으로 인정하기 때문에 실질적으로 시보 기간이 없는 것과 같다. 소방관은 평상시 근무 성적과 근무 기간을 평가해서 정해진 인원이 다음 계급으로 승진한다. 또한 승진 시험을 치고 좋은 성적을 거두면 승진의 기회가 빨리 오기도 한다. 한 계급에서 정해진 기간동안 오래 근무한 사람도 승진이 가능하다.

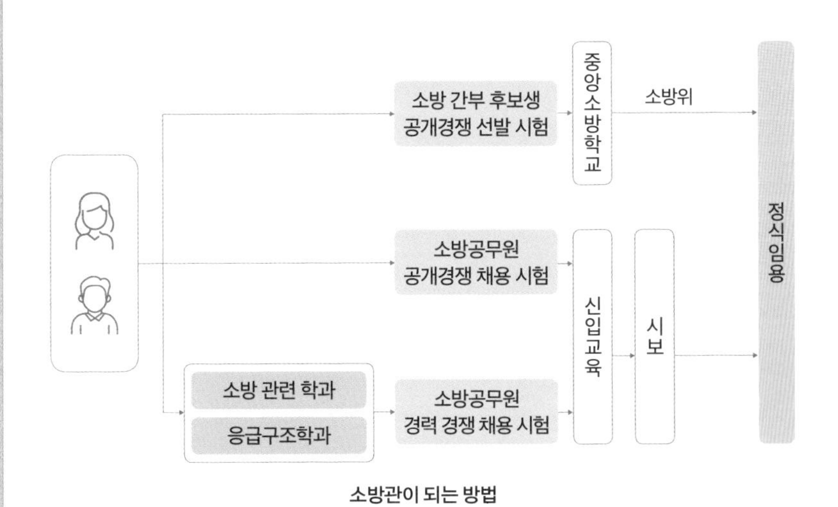

소방관이 되는 방법

우리나라 소방관 및 소방 기관 현황

소방관과 소방관서

2020년 기준 우리나라에는 60,994명의 소방 공무원이 있다. 2011년 37,826명과 비교하면 10년 만에 23,168명이 늘어난 것이다. 2012년 2,425명이었던 여성 소방 공무원의 숫자도 점점 늘어나 2020년 5,649명에 달했다. 소방관 1인당 담당하는 인구는 2011년 1,350명에서 2020년에는 859명으로 줄어들었다. 소방관서로는 소방청 1개, 소방 본부 18개, 소방서 226개, 119 안전센터 1,055개, 119 지역대 411개가 있으며, 본부 혹은 소방서 소속 구조대 270개, 구급대 1,094개가

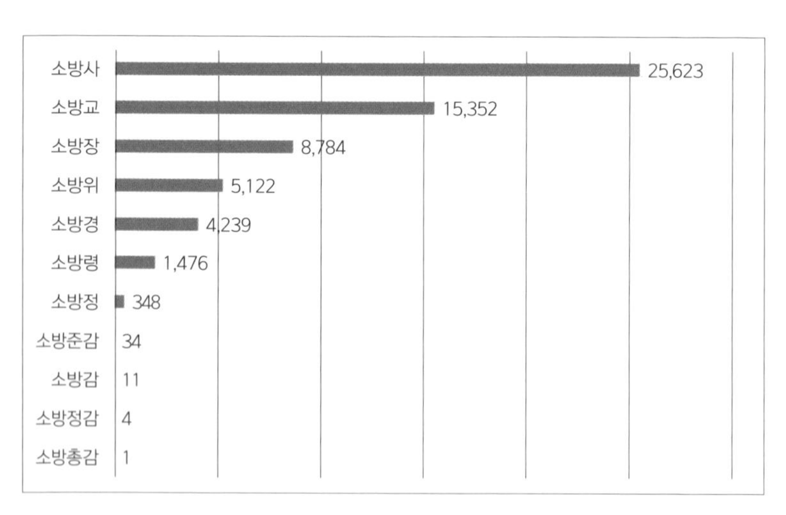

계급별 소방관 수

전국에 걸쳐 있다. 계급별로는 소방사~소방장이 49,759명으로 전체의 81.6%를 차지하며, 소방위~소방정 중간 간부급이 11,185명, 소방준감 이상의 고위 간부는 50명이다.

화재 및 구조 활동

2020년 우리나라에서는 총 38,659건의 화재가 발생했으며 2,282명이 다치거나 목숨을 잃었다. 9년 전인 2011년 43,875건의 화재가 발생해서 1,862명의 인명 피해가 난 것과 비교해 보면 화재 발생 수는 줄었지만, 오히려 피해는 늘었다. 이는 갈수록 화재의 규모가 커지고 있음을 보여준다.

119 구조대는 2020년 838,194번 출동해서 86,714명의 인명을 구조했고 119 구급대는 2020년 총 2,766,136회 출동해서 1,621,775명의 환자를 병원으로 긴급 이송했다. 2011년에 비해 2020년에는 출동은 70만 회 이상, 이송 환자는 15만 명 이상 늘어났다. 또한 구조와 구급 활동을 위해 2020년 총 5,671회 헬리콥터가 출동해서 1,925명의 인명을 구했다. 이런 화재 진압 및 인명 구조 과정에서 2020년에만 2명의 소방관이 목숨을 잃고 1,004명이 다치거나 병에 걸렸다.

소방관의 근무환경

소방관은 공무원 보수 규정에 따라 봉급을 받는다. 소방관 중 현장에서 활동하는 대원은 언제 일어날지 모르는 화재나 비상 상황에 대비하다가 명령이 떨어지면 바로 현장으로 출동한다. 얼마나 빨리 현장에 도달하느냐에 따라 인명과 재산의 피해가 달라질 수 있기 때문에 막중한 책임감과 스트레스를 견뎌내야 한다. 보통 119 안전센터 등에 근무하는 소방관은 3개 조로 나뉘어 2교대로 근무하지만 상황에 따라 저마다 조금씩 다른 근무 형태를 취하고 있다.

앞으로 2026년까지 소방관은 매년 평균 1.7% 정도 증가할 것으로 예측한다. 특히 화재 발생 건수에 비해 인명 및 재산의 피해는 점점 늘어나고 있기 때문에 화재 진압 및 구조, 구급에 전문적인 역량을 가진 소방관의 수요는 더욱 증가할 것이다.

소방관의 처우도 계속 좋아질 것이다. 정부에서는 2024년까지 300개 병상과 21개 진료과목의 국립 소방병원을 세울 예정이며, 소방관의 신체 및 정신건강을 관리하는 보건 안전 관리시스템을 만들려 한다. 또한 일하다가 다치거나 순직한 소방관에 대한 예우를 강화하고, 승진을 빠르게 할 수 있는 제도를 만들고, 소방 관서에 어린이집을 설치해 소방관을 지원할 계획이다.

• 교과연계 내용 •

과목 · 과정	초등학교
5학년 사회	옛사람의 삶과 문화 / 사회의 새로운 변화와 오늘날의 우리
5학년 실과	나의 발견과 나의 미래
6학년 사회	우리나라의 정치 발전 / 세계 여러 나라의 자연과 문화 / 통일 한국의 미래와 지구촌의 평화

과목 · 과정	중학교
사회1	개인과 사회생활 / 사회 변동과 사회 문제
역사1	문명의 발생과 고대 세계의 형성 / 지역 세계의 교류와 변화 / 제국주의 침략과 국민 국가 건설 운동 / 세계 대전과 사회 변동 / 현대 세계의 전개와 과제
역사2	선사 문화와 고대 국가의 형성 / 남북국 시대의 전개 / 고려의 성립과 변천 / 조선의 성립과 발전 / 조선 사회의 변동 / 근 · 현대 사회의 전개
진로와 직업	일과 직업 세계의 이해 / 진로 탐색 / 진로 디자인과 준비

과목 · 과정	고등학교
세계사	인류의 출현과 문명의 발생 / 동아시아 지역의 역사 / 서아시아 · 인도지역의 역사 / 유럽 아메리카 지역의 역사 / 제국주의와 두 차례 세계 대전 / 현대 세계의 변화
동아시아사	동아시아 역사의 시작 / 동아시아 세계의 성립과 변화 / 동아시아의 사회 변동과 문화 교류/ 동아시아의 근대화 운동과 반제국주의 민족 운동 / 오늘날의 동아시아
생활과 윤리	사회와 윤리
한국사	전근대 한국사의 이해 / 근대 국민 국가 수립 운동 / 일제 식민지 지배와 민족운동의 전개 / 대한민국의 발전
진로와 직업	일과 직업 세계의 이해 / 진로 탐색

미래를 여는 경이로운 직업의 역사
생명과 안전을 지키는 직업 II | 경찰 · 소방관

초판 1쇄 발행 2022년 6월 30일
초판 2쇄 발행 2023년 4월 12일

지은이 박민규
펴낸이 박유상
펴낸곳 빈빈책방(주)
편집 배혜진 · 정민주
디자인 기민주
일러스트 김영혜

등록 제2021-000186호
주소 경기도 고양시 덕양구 중앙로 439 서정프라자 401호
전화 031-8073-9773
팩스 031-8073-9774
이메일 binbinbooks@daum.net
페이스북 /binbinbooks
네이버 블로그 /binbinbooks
인스타그램 @binbinbooks

ISBN 979-11-90105-47-7 44190